福岡県公立高等学校

令和６年度学力検査問題

国　語

（50分）

注意

1　監督者の開始の合図があるまで，この問題冊子を開かないでください。

2　問題は，１ページから10ページまであります。

3　解答は，全て解答用紙の所定の欄に記入してください。

4　解答用紙の※印の欄には，何も記入しないでください。

5　監督者の終了の合図で筆記用具を置き，解答面を下に向け，広げて机の上に置いてください。

6　解答用紙だけを提出し，問題冊子は持ち帰ってください。

2024(R6) 福岡県公立高
教英出版

一

(1)と(2)について答えよ。

(1) 次の【文章】を読んで、後の各問に答えよ。句読点等は字数として数えること。なお、本文中の……線は(2)の問一に関わるものである。

【文章】

鳥は、本当に自由なのだろうか。私はそうではないと思う。鳥はいわば空の中に閉じこめられている。魚も同様で、水の中に閉じこめられている。鳥は空を「空」とは呼ばず、魚も水を「水」と名づけることはない。人間がするようには自分の住む世界を対象として捉えることがないからだ。人間は言葉を用い、空を「空」と呼び、海を「海」と名づけた。いわば世界と自分をはっきりと分けて認識している。その意味で人間は、世界に閉じこめられてはいない。言い換えれば人間は、鳥や魚と同じような意味では「自然（＝世界）」の中に生きていない。おそらくこのことが、人間、とりわけ若い皆さんが①世界と自分との間にズレを感じる理由だ。

重要なことは、このズレがあるからこそ、人間はほかの動物のように自足することができず、自分が生きる世界を絶えずつくり替えていかなければならないということ。例えば、森を切り拓《ひら》き、田畑をつくる。これこそ人間だけが持っている自由であり、人間が自由である証《あかし》なのだが、見方を変えれば、その②自由に閉じこめられているともいえなくはない。人間は、自分が生きている世界と自分との間に越えがたいズレを感じながら、（孤独ではあるけれども）自由に、世界を学び、世界を自分に合うようにつくり替える努力を積み重ねてきた。それが歴史ということ。私たちは今、その結果としての世界を生きているのだ。

しかし現代において、人間が行っている世界のつくり替えは、あまりにも高度で複雑だ。例えば、地下鉄を通したり、ジェット機を飛ばしたりしているが、そのために何が必要かを挙げてみればわかる。まず、言葉を知らなければならない。世界の仕組みを理解して記述するには、数学がなければならない。物理学も工学も欠かせない。いくつものことを積み重ねて、X ジェット機が一機、空を飛べる。

そうした数学や物理学、工学は、自然そのものではなく、人間が自然を学びながらつくり出した体系であるから、学ぶことには二段階あることになる。星の運行から暦をつくり、めぐる季節の知識を生かした耕作や狩猟を行うなど、自然を学ぶことが第一段階だとすれば、自然を学んだ人間がつくり出したものを学ぶことが③第二段階だ。現代を生きる我々には、この「二重の学び」が宿命づけられており、この第二段階のために特に必要とされているのが学校ということになる。

人間がつくり出したものは数えきれず、一人では到底学びきれない。人間は学ぶべきことを増やしすぎたのではないかと思うほどだ。研究分野の細分化も近年ますます進行している。例えば、脳の「海馬《かいば》」という部分を研究している脳科学者の知人がいる。人間は何かを学ぶたびに海馬の最深部で「新生ニューロン」という神経組織を生成している。知人はこのメカニズムを研究しているのだが、同じ研究に取り組む研究チームは世界におよそ一〇〇チームもあり、日々成果を競っているという。

たしかに、何をするにせよ勉強して覚えるべきことは多い。新生ニューロンに限らず、何か新発見をするほどの研究者になりたいのであればなおさらだ。しかし知識量で勝る者が強者かというと、現実はそうなっていない。実は新発見というものは、発見者が一五～一六歳の頃からその種を自分の中に宿していることが多い。つまり、あなたたちの年になにかの「種」が宿されるということ。これは分野によらない。このことが端的に示しているのは、世界を変える力は知識ではなく「若い力」だということだ。若い人とは「知らない」人であり、「知っている」ということよりも「知らない」ということのほうが重要なのである。

理由の一つが「エラー」、つまり「失敗」する可能性だ。膨大な知識の体系に分け入った若者は、それを骨肉化しようとするとき、誤った理解をすることもしばしばある。物事は、教えられたとおりに学ぶとは限らないからだ。新発見は、それまでの常識からすればエラー、あるいはアクシデントと呼ばれる事態の中でなされることが多い。人間が何かを成し遂げる力は、エラーにこそある。生物としての人類もそうやって進化してきたはず。突然変異というエラーを利用することで環境に適応し、生き残ってきたのだから。歳をとると失敗を恥じるようになり、エラーを起こせなくなっていくが、エラーを恐れてはならない。④若さとは、弱点であると同時に世界を変えていく力でもあるのだ。

（『何のために「学ぶ」のか〈中学生からの大学講義〉1』小林康夫「学ぶことの根拠」による。一部改変）

（注）メカニズム…仕組み。

問一　本文中の［X］に入る語句として最も適当なものを、次の1～4から一つ選び、番号を書け。

1　あいにく　　2　ようやく　　3　むしろ　　4　あらかじめ

問二　次の［　］の中は、本文中の①世界と自分との間にズレを感じる理由についてまとめたものである。［ア］に入る内容を本文中から二十字で探し、初めの六字を抜き出して書け。

［人間は、言葉を用いて世界を名づけ、［ア］から。］

問三　本文中の②自由に閉じこめられているの説明として最も適当なものを、次の1～4から一つ選び、番号を書け。

1　学問が高度で複雑になり、知識量の強者と弱者が生まれ、世界が閉鎖的になるということ。
2　動物の一員として、人間も鳥や魚と同じように自然に支配される宿命にあるということ。
3　人間は自分が生きている世界を学び、つくり替えていくことから逃れられないということ。
4　学ばなければならないことが増えると、新たな視点で世界を学ぶ意欲を失うということ。

問四　本文中に③第二段階とあるが、この「第二段階」で学ぶものの具体例に当たる部分を、本文中から九字で探し、初めの三字を抜き出して書け。

問五　次の［　］の中は、本文中の④若さについて説明したものである。［A］に入る内容を、本文中から十字で探し、初めの三字を抜き出して書け。また、［B］に入る内容を、二十字以上、二十五字以内で考えて書け。ただし、**新発見**という語句を必ず使うこと。

［若者は［A］も多いという点で、若さは弱点であるといえる。一方、若者には［B］力があるという点で、若さは世界を変えていく力であるともいえる。］

(2) 次の【資料】は、(1)の【文章】を読んで、脳の研究に興味をもった山下さんが図書館で読んだ本の一部である。脳科学者をめざす人に向けたメッセージが述べられた【資料】を読んで、後の各問に答えよ。

【資料】

Ⅰ

まず、①身体と心を鍛えておくこと。研究は集中力のたまもの。体力がないと集中できませんから。それと若いときに早めに一度挫折を体験すること。そこからもう一度、立ち上がることで強くなります。

研究分野でいえば、脳科学はまだ分からないことだらけです。世界中の脳科学者がこの分からない分野を相手に研究活動を続けています。どうしたらこの②謎に満ちた脳を少しでも理解できるのか。ぜひこの③(　)踏の分野に飛び込んで研究してほしいですね。

Ⅱ

研究者をめざす人には、いろいろな本を読んだり幅広い経験をしたりして、自分は何に興味があって何が面白いのか、「④好きなこと」を見つけてと言いたいですね。そしてそこだけにとどまらないで、楽しいと思ったことからどんどん世界を広げていってほしいと思います。

(朝日新聞出版 編『いのちの不思議を考えよう③　脳の神秘を探ってみよう 生命科学者21人の特別授業』所収 Ⅰ．村山正宜「皮膚感覚をつかさどる神経活動を探求」、Ⅱ．池谷裕二「脳研究の今とこれから ―研究者を目指す人たちへ―」による。一部改変)

問一　(1)の【文章】の……線を施した部分と同じような状況を言い表している一文を、【資料】から探し、初めの三字を抜き出して書け。

問二　【資料】のⅠに　①身体と心を　とあるが、この連文節における文節どうしの関係と、次の1～4の――線を施した連文節における文節どうしの関係が同じものを、1～4から全て選び、番号を書け。

1　本で調べている。　　2　彼は優しくて親切だった。

3　夢や希望がある。　　4　意外と簡単なので解けた。

問三　【資料】のⅠの　②謎　の漢字の読みを、平仮名で書け。

問四　【資料】のⅠに　③(　)踏　とあるが、「まだ足をふみ入れたことがないこと」という意味の二字熟語になるように、(　)に当てはまる漢字を、次の1～4から一つ選び、番号を書け。

1　非　　2　無　　3　不　　4　未

問五　【資料】のⅡの　④好きな　の品詞と、次の1～4の――線を施した語の品詞が同じものを一つ選び、番号を書け。

1　新しいことを始めた。　　2　大きな目標を掲げた。

3　急に予定が変わった。　　4　考えを簡潔に述べた。

問六　次は、山下さんが行書の学習を生かして毛筆で書いた文字である。アとイの部分に表れている行書の特徴として最も適当なものを、次の1～4からそれぞれ一つ選び、番号を書け。

1　点画の連続
2　筆順の変化
3　点画の省略
4　点画の変化

二

次の文章を読んで、後の各問に答えよ。句読点等は字数として数えること。

【ここまでのあらすじ】伊豆《いず》大島の高校生の「俺」は、陸上部に所属している。4×100メートルリレー、いわゆる四継《よんけい》の第一走者である。八月某日、「俺」はリレーの第四走者だった朝月《あさつき》先輩に、突然グラウンドに呼び出された。制服姿の先輩は、青いリレー用のバトンを持ち、石灰で引かれたスタートラインのところに座って「俺」を待っていた。先輩の提案で、先輩から「俺」へとバトンをつないで走った。

「おまえ、最近、調子どうだ」
「なんすか急に……」
スタートラインまで戻ってきて、乱れた呼吸を整えながら、汗の滲《にじ》んだワイシャツを第二ボタンまで開けて、並んで天を仰ぐ。質問というより、確認みたいな訊《き》き方をした朝月先輩は「難しいもんだな、渡すってのも」なんてぼやきながら、大していいバトンワークでもなかったわりには清々《すがすが》しく笑っている。
調子どうだ、って言われてもな。俺の走りの話？　それとも……ちらと頭をよぎったのは、この夏、朝月先輩から渚台《なぎさだい》高校陸上部の部長を引き継いだこと。
うちは男女で特に部が分かれてるわけじゃない。だから、部長は男女ひっくるめて一人だけで、当然男子でも女子でもかまわない。歴代には女子の部長もいたと聞く。そういう意味では酒井《さかい》でもよかったし、もちろん雨夜《あまや》でもよかった。だけど朝月先輩は、俺を部長に指名した。それは強制ではなかったけれど、俺は引き受けた。
別に深い意味はない。酒井部長や雨夜部長の下でやっていく自分が、想像できなかったというだけだ。
「別に……普通っすね」
そう答えたら、朝月先輩は顔をしかめた。
「なんだよ、普通って」
「いや……まだ、①実感できるほど時間経《た》ってないですし」
「そっか。ま、そりゃそうだよな」
「っす」
ともに過ごした時間は、一年半とない。特別仲のいい先輩後輩でもなかった。リレーじゃ一走と四走は一番離れている。そんな距離感が、いまだに会話に滲む。いや、でも——手の中のバトンを見つめる。つい今しがた、届くはずのない四走から届いた、青色のバトン。それはひょっとしてそういう……？
顔を上げると、揺れる瞳がそこにあった。
朝月先輩が、リレーのときにだけ見せる②不思議な顔がある。100や200では、芯の通った、迷いのない目をしているのに、リレーのときだけはどことなく不安そうな、迷っているような……でもそれは実は、瞳の奥に秘めた強い光に、陽炎《かげろう》のように揺らいで見えるだけなのだ。
なぜ今その目をしているのか、なんとなくわかったから、茶化すことはできなかった。
この人はこの人なりに、俺のことをずっと見てくれていたということなのだろうか。
自分が入部したときにはすでに部長だった。だから、部長としてチームを引っ張ってきた朝月先輩の背中しか俺は知らない。だけど、当たり前だけどこの人にも新入部員だった時代があり、後輩だった時期があるのだなと——そう思うと、不意に手の中のバトンが重みを増したように感じた。
重荷、ということじゃない。
つながなければ、と強く思った。
「……確かに、受け取りました」
絞り出すように答えると、朝月先輩はうなずいて、終わりゆく季節の狭間《はざま》に吸い込まれるように、静かにグラウンドを去っていった。その真っ白なままのスラックスの尻に、わざわざ着替えてこなかった理由が、やっとわかったような気がする。
ツクツクボウシが鳴いている。大島じゃ、七月から鳴いてるんで気に留めたこともなかったが、本州だと八月の終わり頃に鳴く虫らしい。兄貴が言ってたっけな。
空には少し崩れかけの入道雲。
島を吹き抜ける風には、どことなく秋の気配がある。
夏の終わり。
手の中には、少し汗ばんだ青色のバトン。

1~6の問題に対する解答用紙への記入上の留意点
・ 答えが数または式の場合は，最も簡単な数または式にすること。
・ 答えに根号を使う場合は，$\sqrt{\ }$ の中を最も小さい整数にすること。
・ 答えに円周率を使う場合は，π で表すこと。

1

次の（1）～（9）に答えよ。

（1） $7+3\times(-4)$ を計算せよ。

（2） $5(2a+b)-(3a-b)$ を計算せよ。

（3） $\sqrt{18}+\dfrac{14}{\sqrt{2}}$ を計算せよ。

（4） y は x に反比例し，$x=-4$ のとき $y=3$ である。
$x=6$ のときの y の値を求めよ。

（5） 2次方程式 $x(x+7)=8(x+9)$ を解け。

（6） 右の表は，A中学校の1年生65人を対象に通学時間を調査し，その結果を度数分布表に整理したものである。
この表をもとに，通学時間が5分以上10分未満の階級の相対度数を四捨五入して小数第2位まで求めよ。

階級（分）	度数（人）
以上 未満 0 ～ 5	11
5 ～ 10	23
10 ～ 15	14
15 ～ 20	12
20 ～ 25	3
25 ～ 30	2
計	65

（7） 関数 $y=-\dfrac{1}{2}x^2$ のグラフをかけ。

（8） 下のデータは，ある学級の生徒13人について，反復横とびを20秒間行ったときの記録を，回数の少ない方から順に並べたものである。

（単位：回）

35	41	41	45	47	48	49	51	52	53	56	56	57

このデータの第3四分位数を求めよ。

（9） B中学校の全校生徒560人の中から無作為に抽出した60人に対してアンケートを行ったところ，外国の文化について興味があると回答した生徒は45人であった。
B中学校の全校生徒のうち，外国の文化について興味がある生徒の人数は，およそ何人と推定できるか答えよ。

2 袋の中に，赤玉1個と白玉3個が入っており，この袋から玉を取り出す。
ただし，どの玉を取り出すことも同様に確からしいとする。
次の（１），（２）に答えよ。

（１） 玉を1個取り出し，取り出した玉を袋にもどし，もう一度，玉を1個取り出す。
取り出した2個の玉のうち，少なくとも1個は白玉が出る確率を求めよ。

（２） Aさんが玉を1個取り出し，取り出した玉を袋にもどさず，続けてBさんが玉を1個取り出す。
このとき，Aさんの白玉の出やすさとBさんの白玉の出やすさに違いがあるかを説明せよ。
説明する際は，樹形図または表を示すこと。

3　光さんと明さんは，文字を用いて，整数の性質を調べている。下の会話文は，その内容の一部である。

光さん

連続する３つの整数は，文字を用いて，どのように表したらいいかな。

連続する３つの整数は，最も小さい数をｎとすると，ｎ，ｎ+１，ｎ+２と表されるね。これらを使って計算すると，連続する３つの整数の和は，いつでも（Ⓟ）の倍数になることがわかるよ。

明さん

本当だね。計算した式から，連続する３つの整数の和は，真ん中の数の（Ⓟ）倍になることもわかるね。

そうだね。連続する３つの整数について，ほかにわかることはないかな。

例えば，最も小さい数をｎとして，真ん中の数と最も大きい数の積から，最も小さい数と真ん中の数の積をひいた差は，［ A ］と表されるから，真ん中の数の倍数になるよ。

確かにそうだね。ほかにも［ A ］の式を別の形に表すと，（ B ）になることがわかるね。

次の(１)～(４)に答えよ。

(１)　(Ⓟ)にあてはまる数をかけ。

(２)　［ A ］にあてはまる式をかけ。また，(B)にあてはまるものを，次の**ア**～**エ**から1つ選び，記号をかけ。

ア　真ん中の数と最も小さい数の和
イ　真ん中の数から最も小さい数をひいた差
ウ　最も大きい数と最も小さい数の和
エ　最も大きい数から最も小さい数をひいた差

（3） 光さんと明さんは，次のことを予想した。

予想

連続する3つの整数のうち，真ん中の数の2乗から1をひいた差は，最も小さい数と最も大きい数の積になる。

予想がいつでも成り立つことの**証明**を，整数mを用いて完成させよ。

証明

したがって，連続する3つの整数のうち，真ん中の数の2乗から1をひいた差は，最も小さい数と最も大きい数の積になる。

（4） 光さんと明さんは，連続する4つの整数について調べたことを，次のようにまとめた。

まとめ

連続する4つの整数のうち，最も小さい数と2番目に小さい数の和を**X**，2番目に大きい数と最も大きい数の和を**Y**とするとき，**X**と**Y**の積に，正の整数（ **Ⓠ** ）を加えた数は，（ **C** ）の積の4倍になる。

上の**まとめ**はいつでも成り立つ。（ **Ⓠ** ）にあてはまる数をかけ。また，（ **C** ）にあてはまるものを，次の**ア**～**エ**から1つ選び，記号をかけ。

ア 最も小さい数と2番目に大きい数
イ 最も小さい数と最も大きい数
ウ 2番目に小さい数と2番目に大きい数
エ 2番目に小さい数と最も大きい数

4

3つの電力会社A社，B社，C社がある。どの電力会社を利用するときも，1か月の電気料金は，基本料金と電気の使用量に応じた料金の合計である。

表は，3つの電力会社の電気料金のプランを示したものである。

表

	1か月の電気料金	
	基本料金	電気の使用量に応じた料金
A社	400円	200kWhまでは，1kWhあたり24円 200kWhをこえた使用量に対しては，1kWhあたり20円
B社	a円	120kWhまでは，1kWhあたりb円 120kWhをこえた使用量に対しては，1kWhあたりc円
C社	4000円	240kWhまでの使用量に対しては，無料 240kWhをこえた使用量に対しては，1kWhあたり一定の料金がかかる。

電気の使用量がxkWhのときの1か月の電気料金をy円とするとき，**図**は，A社を利用する場合について，電気の使用量が0kWhから350kWhまでのxとyの関係をグラフに表したものである。

図

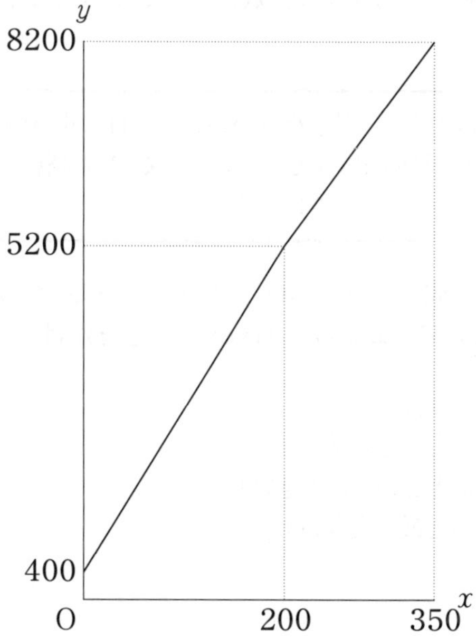

次の(1)～(3)に答えよ。

(1)　A社を利用する場合，電気の使用量が80kWhのときの1か月の電気料金を求めよ。

令和６年度学力検査問題

英語リスニングテスト

（15分）

注意

1　問題は，１ページから２ページまであります。

2　開始の合図は放送で指示があります。
放送の指示があるまで，問題用紙を開かないでください。

3　解答は，全て解答用紙の所定の欄に記入してください。

4　解答用紙の※印の欄には，何も記入しないでください。

5　放送の指示があるまで，英語筆記テスト問題冊子は机の中から出さないでください。

放送を聞いて，問題1，問題2，問題3，問題4 に答えよ。

※教英出版注
音声は，解答集の書籍ＩＤ番号を教英出版ウェブサイトで入力して聴くことができます。

問題1　英語の短い質問を聞き，その後に読まれる**ア**，**イ**，**ウ**，**エ**の英語の中から，答えとして最も適当なものを一つずつ選ぶ問題

※**記号**で答えよ。問題は３問ある。

※英語は**１回だけ**読まれる。

問題2　地図を見て，質問に答える問題

※答えとして最も適当なものを**地図の中から抜き出して**答えよ。問題は２問ある。

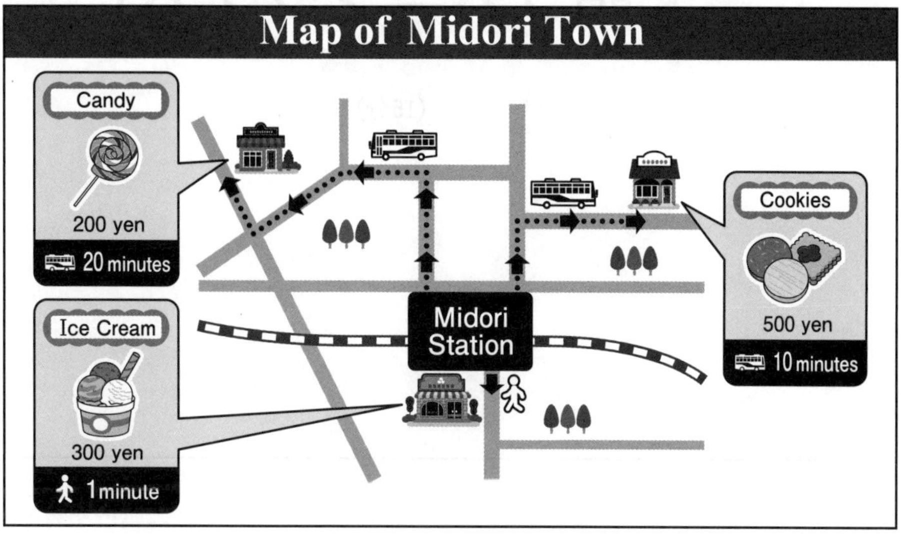

問題3　留学中の久美(Kumi)と友人のマイク(Mike)の対話を聞いて，質問に答える問題

※答えとして最も適当なものを**ア**，**イ**，**ウ**，**エ**の中から一つずつ選び，**記号**で答えよ。

(1)　**ア**　Yes, she will.
　　イ　No, she won't.
　　ウ　Yes, she has.
　　エ　No, she hasn't.

(2)　**ア**　Because Mike was a little shy and he asked Kumi for help.
　　イ　Because Mike spoke to Kumi when she felt lonely at school.
　　ウ　Because Kumi introduced Mike to her classmates and they became good friends.
　　エ　Because Kumi could easily make friends without Mike's help.

令和６年度学力検査問題

英語筆記テスト

（40分）

注意

1　放送の指示にしたがって，開始してください。
2　問題は，１ページから５ページまであります。
3　解答は，全て解答用紙の所定の欄に記入してください。
4　解答用紙の※印の欄には，何も記入しないでください。
5　英語筆記テスト中に，英語リスニングテストを見直して，訂正してもかまいません。
6　監督者の終了の合図で筆記用具を置き，解答面を下に向け，広げて机の上に置いてください。
7　解答用紙だけを提出し，英語リスニングテスト問題用紙と英語筆記テスト問題冊子は持ち帰ってください。

1 次の1～3の各組の対話が成り立つように，[A]～[D]にあてはまる最も適当なものを，それぞれの**ア**～**エ**から一つ選び，記号を書け。

1
Jack: What did you do last Sunday, Takashi?
Takashi: I had a game in a basketball tournament.
Jack: You look happy. [A]
Takashi: Yes! We will have our final game next Sunday.

A
ア How many games did you have?
イ Did you win the game?
ウ Was it your final game?
エ Where did you play the game?

2
Risa: There are a lot of pencil cases in this shop, Emma.
Emma: I want this one. What do you think?
Risa: It looks nice, but [B]
Emma: Well, I have many pens and pencils.
Risa: I understand, so you can put all of them in it.

B
ア it may be too large.
イ it is too small for your pens.
ウ it's not as large as your pencil case.
エ it's the smallest of all the pencil cases.

3
Flight Attendant: Excuse me. Would you like another coffee?
Kentaro: Yes, please. How is the weather in London today?
Flight Attendant: It's cloudy. [C]
Kentaro: For two weeks. In fact, I traveled there twice last year.
Flight Attendant: Wow! How do you like London?
Kentaro: It's great! [D]
Flight Attendant: You're right. They are kind people. Enjoy your trip!

C
ア When did you go to London?
イ How long will you stay in London?
ウ What will you do in London?
エ Why do you want to know the weather in London?

D
ア You can go to many libraries in London.
イ There are a lot of places to visit in London.
ウ I have lived in London for a long time.
エ People in London are friendly to visitors.

2　次の英文は，英語の授業中に香織(Kaori)と留学生のジェームズ(James)が，ベル先生(Ms. Bell)からアドバイスを受けている会話の場面である。これを読んで，後の各問に答えよ。

Ms. Bell:　Hi, Kaori and James. How's your research for the presentation?

Kaori:　①Ms. Bell, we (talking / been / about / have / are) an effective way to make our research better, but we don't know what to do next.

Ms. Bell:　Well, please tell me what you found.

Kaori:　OK. We are trying to research the food that people in this area ate in the past. We looked at some websites about the history of our city. We found a lot of information from them.

Ms. Bell:　Sounds good. What did you find?

James:　Our city is located near the sea and the people in this area ate fish about 2,000 years ago.

Ms. Bell:　That's interesting. Did the people in this area eat other things?

James:　［　　　　　］ They cut down trees to make rice fields. Some of the rice fields became the remnants that are located near our school.

Kaori:　Actually, we visited the remnants of rice fields and met a woman who knew a lot about them.

Ms. Bell:　Did you interview her?

Kaori:　Yes. ②She (information / us / we / giving / gave) needed. For example, the size of the rice fields, the kind of rice people in this area made, and how they cooked it.

Ms. Bell:　You learned a lot together. If you need more information, you can ask the history teacher. He taught me the history of our city.

James:　Oh, Mr. Yamada! That's nice! Kaori, let's ask him after school.

Kaori:　Yes! I'm sure we will improve our presentation and choose a good title if we continue working together.

Ms. Bell:　I think so, too. You should start to think about the title of the presentation.

(注) research ………… 調査(する)
located ………… 位置している
cut down ………… 切り倒した
rice fields ………… 水田
remnants ………… 遺跡
interview ………… インタビューする
title ………… タイトル

3

my opinion in class because I was so nervous.
Now, I'm not nervous when I share my opinions.
Mike: I am glad to hear that. We've learned a lot of things by talking with you, Kumi.
Kumi: Thank you. Now I know it's important to express my opinions. I won't be afraid of doing so after going back to Japan.

Question 1　Will Kumi go back to Japan next week?
Question 2　Why was Kumi happy on her first day at her school in Australia?
Question 3　Which is true about Kumi?

「２回目」 ―――― （繰り返し） ――――

問題 4

（２ 連続音チャイム ○－○）

問題４ を見てください。これから，留学中の裕二が班別研修で映画博物館を訪れ，館内図を見ながら説明を受けます。裕二はC班に所属しています。説明を聞いて，〈問１〉と〈問２〉の質問に答えてください。

〈問１〉の（1）は**ア**，**イ**，**ウ**，**エ**の中から一つ選び記号で，（2）はカッコ内にそれぞれ１語の英語で，（3）は２語以上の英語で答えてください。なお，英語による説明の後には，記入の時間が約40秒ずつあります。英語は2回繰り返します。それでは始めます。

Welcome to the World Movie Museum. My name is Kate. Today we will show you around the museum. You are in one of the three groups: Group A, B, or C. We have three rooms to learn about movies. You will visit all three rooms. I will tell you the first room for each group. Group A will go to Room 2. Group B will go to Room 3. Group C will go to Room 1.

Now I will introduce each room. In Room 1, you can see real dresses, hats, and shoes used in movies. In Room 2, our staff member will tell you about how movies are made. And Room 3 is a movie theater. We collect movies from many countries. Today, we have chosen an American movie. You will watch it in Room 3.

After visiting two rooms, we will have lunch at the restaurant. Then, you will visit the last room.

Before you leave our museum, we will give you a notebook as a present.

If you have any questions, please let us know.

「答えを記入してください。」

「２回目」 ―――― （繰り返し） ――――

〈問２〉 英語で質問と指示をします。その指示にしたがって４語以上の英語で文を書いてください。なお，質問と指示を２回繰り返した後，記入の時間が約40秒あります。それでは始めます。

What do you want to ask the staff member in Room 2 about making movies? Write one question.

「２回目」 ―――― （繰り返し） ――――

「答えを記入してください。」

（４ 連続音チャイム ○－○－○－○）

これで，「英語リスニングテスト」を終わります。筆記用具を机の上に置いて，問題用紙と解答用紙を閉じてください。なお，この後の筆記テスト中に，見直して，訂正してもかまいません。次に，筆記テスト問題冊子を机の中から取り出し，表紙の注意事項を読んでください。筆記テスト開始後，ページ数がそろっているか確認してください。それでは，筆記テストの解答を始めてください。

令和６年度学力検査問題

理　科

（50分）

注意

1　監督者の開始の合図があるまで，この問題冊子を開かないでください。

2　問題は，１ページから９ページまであります。

3　解答は，全て解答用紙の所定の欄に記入してください。

4　解答用紙の※印の欄には，何も記入しないでください。

5　監督者の終了の合図で筆記用具を置き，解答面を下に向け，広げて机の上に置いてください。

6　解答用紙だけを提出し，問題冊子は持ち帰ってください。

1　悠さんと陽さんは，セキツイ動物のグループごとの特徴について，発表するための資料を作成した。**図**はその資料の一部である。

図

セキツイ動物のグループごとの特徴

	魚類	両生類	ハチュウ類	鳥類	ホニュウ類

呼吸のしかた	えらで呼吸	子　:（A）と皮ふで呼吸 おとな :（B）と皮ふで呼吸	肺で呼吸	肺で呼吸	肺で呼吸
体表	うろこ	しめった皮ふ	かたい（C）	羽毛	毛
子のうまれ方	卵生	卵生	卵生	卵生	胎生《たいせい》

問１　魚類を，次の１～４の動物から全て選び，番号を書け。

１　ペンギン　　２　サケ　　３　クジラ　　４　アジ

問２　**図**の中の（A），（B）に，適切な語句を入れよ。

問３　下は，資料をもとに発表する内容について考えているときの，悠さんと陽さんと先生の会話の一部である。

先生：発表では，どのグループの特徴について説明しようと考えていますか。

悠さん：両生類とハチュウ類の体表の特徴について説明しようと思います。両生類の体表はしめった皮ふですが，ハチュウ類の体表はかたい（C）でおおわれているというちがいがあります。

陽さん：体表の特徴のちがいから，両生類とハチュウ類では，ハチュウ類の方が（D）に強いため，陸上の生活に適していると考えられることも説明しようと思います。

先生：よく考えましたね。グループの特徴について，他に説明しようと考えていることは何ですか。

陽さん：子のうまれ方について，鳥類は卵生でホニュウ類は胎生であるということを説明しようと思います。卵生とちがい胎生では，ある程度雌の〔　　〕という特徴があります。

先生：グループの特徴のちがいに着目して，考えることができていますね。

(1)　会話文中の（C），（D）に，適切な語句を入れよ。

(2)　会話文中の〔　〕にあてはまる内容を，「子」という語句を用いて，簡潔に書け。

2

友さんは，光合成について調べるために，鉢《はち》植えしたポトスの，ふ入りの葉を使って実験を行った。下の□内は，その実験の手順と結果である。

【手順】

① 図1のように，葉Xとアルミニウムはくでおおった葉Yを，暗いところに一晩置く。

② ①の葉に，光を十《じゅう》分《ぶん》にあてた後，図2のように，茎からX，Yを切りとり，Yのアルミニウムはくをはずす。

③ ②のX，Yをあたためたエタノールにひたす。

④ あたためたエタノールからX，Yをとり出して水洗いし，ヨウ素液につける。

⑤ ヨウ素液からX，Yをとり出し，図2のA～Dの色の変化を観察する。

【結果】

図2の葉の部分	色の変化
A	変化しなかった。
B	青紫色になった。
C	変化しなかった。
D	変化しなかった。

図1

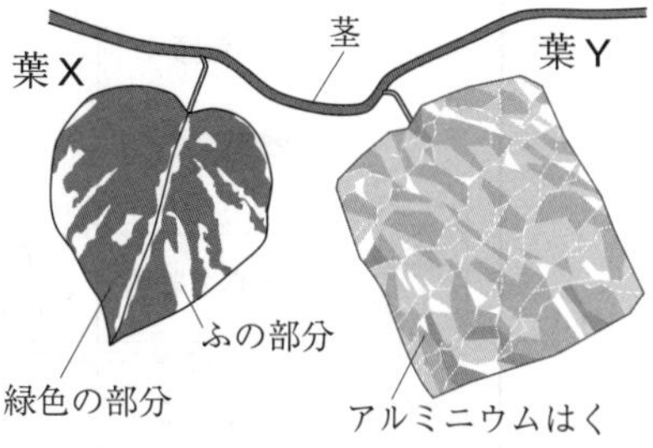

図2

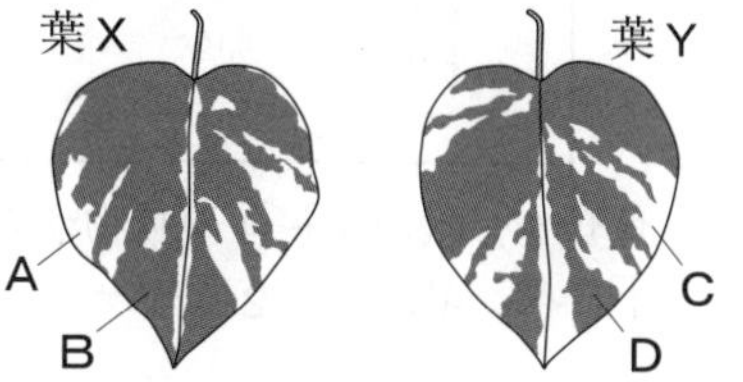

A：葉Xのふの部分　C：葉Yのふの部分
B：葉Xの緑色の部分　D：葉Yの緑色の部分

問1　下線部の操作を行ったのは，エタノールにどのようなはたらきがあるからか，簡潔に書け。

問2　下の□内は，この実験について考察した内容の一部である。文中のア［(　)と(　)］，イ［(　)と(　)］の(　)にあてはまる葉の部分を，A～Dから選び，記号を書け。また，ウの(　)内から，適切な語句を選び，記号を書け。

ア［(　)と(　)］の結果を比べると，デンプンをつくるためには，光が必要だとわかった。また，イ［(　)と(　)］の結果を比べると，デンプンがつくられるのは，葉のウ(P 緑色の部分　Q ふの部分)であると考えられる。

問3　実験後，光合成について関心をもった友さんは，光合成で使われる物質を調べる実験を行った。下の□内は，その実験についてまとめたものの一部である。試験管Rに対して試験管Tを用いたように，調べようとすることがら以外の条件を同じにして行う実験を何というか。また，文中の下線部からどのようなことがわかるか。その内容を「光」という語句を用いて，簡潔に書け。

2本の試験管にそれぞれタンポポの葉を入れた試験管Rと試験管S，タンポポの葉を入れない試験管Tを用意し，それぞれにストローで息をふきこみ，ゴム栓をする。次に，図3のように，Sをアルミニウムはくでおおい，3本の試験管に30分間光をあてる。その後，それぞれの試験管に少量の石灰水を入れ，再びゴム栓をしてよく振ると，SとTの石灰水は白くにごり，Rは変化しなかった。

図3

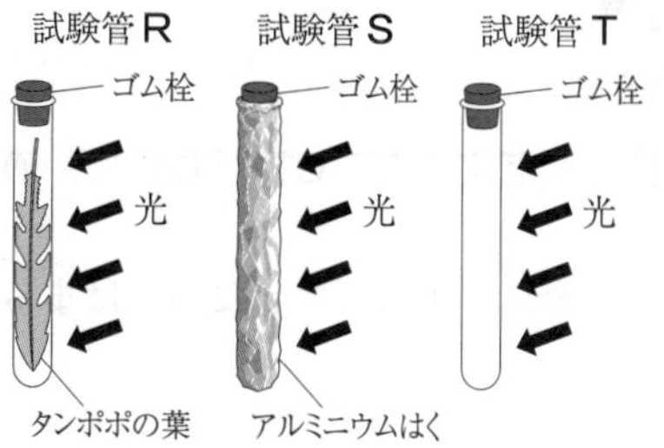

3　酸化銅と炭素の粉末の混合物を加熱したときの変化を調べる実験を行った。下の□内は，その実験の手順と結果である。

【手順】

①　酸化銅2.0 gと炭素の粉末0.2 gをよく混ぜ，試験管**A**に入れる。

②　**図1**のような装置を用いて，混合物を十分《じゅうぶん》に加熱し，発生した気体を石灰水に通したときの変化を観察する。

③　気体の発生がとまったら，石灰水からガラス管を抜きとって加熱をやめ，ピンチコックでゴム管を閉じる。

④　**A**が冷えた後，中の物質をとり出して，加熱後の物質の色と，薬さじでこすったときのようすを調べる。

図1

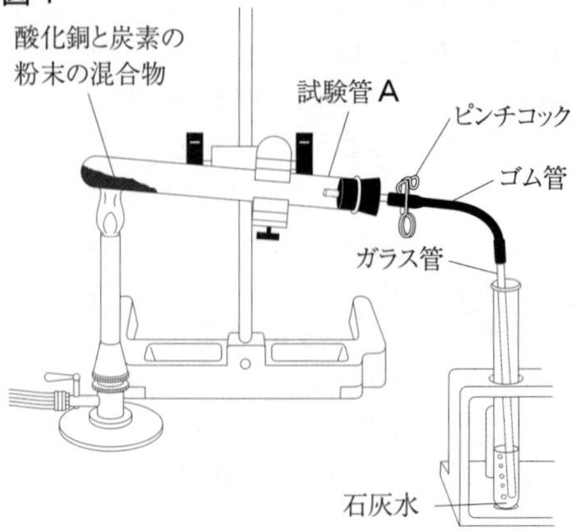

【結果】

○　石灰水は，白くにごった。

○　加熱前の酸化銅は（**P**）色であったが，加熱後，試験管**A**内には赤色の物質ができた。赤色の物質をこすると（**Q**）が見られた。

問1　下線部の操作を行う理由を，「試験管**A**に，」という書き出しで，簡潔に書け。

問2　【結果】の（**P**）に，適切な語句を入れよ。

問3　【結果】の（**Q**）に入る，金属がもつ共通の性質を書け。

問4　下の□内は，この実験についてまとめた内容の一部である。文中の下線部の化学変化を，化学反応式で表すとどうなるか。解答欄の**図2**を完成させよ。

酸化銅と炭素を混ぜて加熱すると，二酸化炭素が発生して銅ができた。この化学変化では，酸化銅は還元され，炭素は逆に酸化されている。このように，酸化と還元は，１つの化学変化の中で同時に起こる。

図2

（　　　）＋（　　　）→（　　　）＋ CO_2

4

塩酸と水酸化ナトリウム水溶液を混ぜ合わせたときの，水溶液の性質を調べる実験を行った。下の　　内は，その実験についてまとめたものである。

うすい塩酸（A液）とうすい水酸化ナトリウム水溶液（B液）を用意し，A液5.0mLをビーカーにとり，緑色のBTB液を数滴加えて，ビーカー内の液を黄色にした。

次に，**図1**のように，B液をこまごめピペットで2.0mLずつ加え，加えるごとにビーカーを揺《ゆ》り動かして液を混ぜ，液の色を確認する。B液を6.0mL加えたときの，ビーカー内の液は青色であった。

その後，ビーカー内の液に，A液をこまごめピペットで1滴ずつ加え，加えるごとにビーカーを揺り動かして液を混ぜ，緑色になるまでくり返し，液を中性にした。

最後に，中性にした液をスライドガラスに少量とり，水を蒸発させると，白い固体が残った。

図1

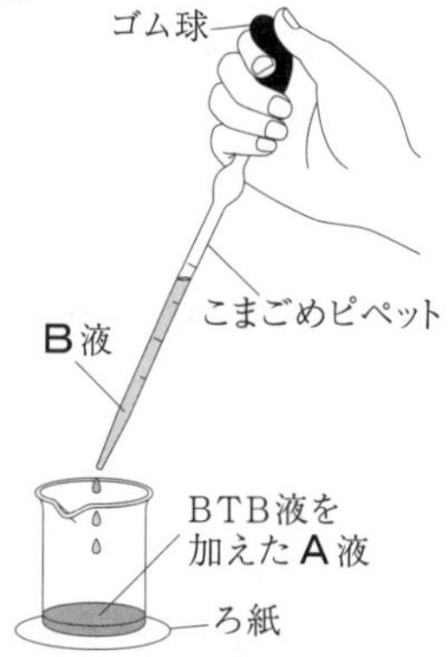

問1　塩酸はある気体が水に溶けてできている。その気体の名称を書け。

問2　下線部について，B液を吸い上げた後，ゴム球がいたむのを防ぐために注意しなければならないことを，「こまごめピペットの先端を」という書き出しで，簡潔に書け。

問3　**図2**は，この実験で，A液5.0mLにB液6.0mLを加えた後，A液を加えて中性にするまでの，液中のイオンをモデルで表そうとしたものである。Yについて，A液5.0mLにB液6.0mLを加えて十《じゅう》分《ぶん》に反応させたときの，液中のイオンの種類と数を，X，Zにならって，解答欄のYにモデルで表せ。ただし，水素イオンを⊕，塩化物イオンを○，ナトリウムイオンを●，水酸化物イオンを◎で表せ。

図2

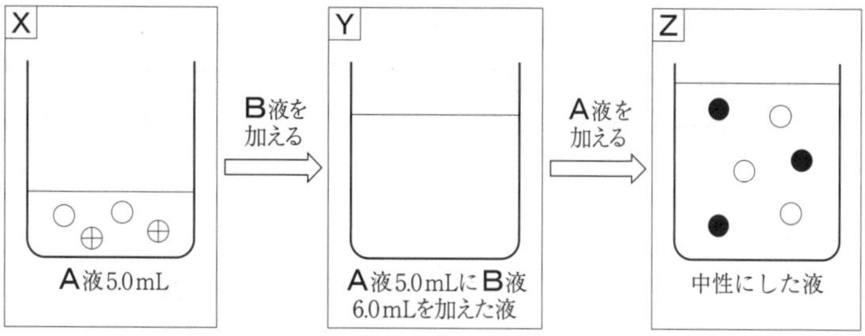

問4　下の　　内は，作物の成長と土のpHについて，生徒が調べた内容の一部である。文中の①の（　）内から，適切な語句を選び，記号を書け。また，(②) に，適切な語句を入れよ。

作物が成長するのに最適な土のpHは，作物の種類によって異なる。チャノキ（茶）の成長に最適な土のpHは5.0～5.5程度であるが，同じ場所で栽培を続けると，土が強い①(P 酸性　Q アルカリ性) になり，うまく育たなくなる。そのため，畑に消石灰をまくことで，土のpHを調整している。これは，(②) という化学変化を利用したものである。

令和６年度学力検査問題

社　会

（50分）

注意

1　監督者の開始の合図があるまで，この問題冊子を開かないでください。

2　問題は，１ページから９ページまであります。

3　解答は，全て解答用紙の所定の欄に記入してください。

4　解答用紙の※印の欄には，何も記入しないでください。

5　監督者の終了の合図で筆記用具を置き，解答面を下に向け，広げて机の上に置いてください。

6　解答用紙だけを提出し，問題冊子は持ち帰ってください。

1　千秋さんは，わが国の古代から近代の各時代の政治，文化，経済に関するおもなできごとを表にまとめた。表をみて，各問に答えよ。

〈表〉

時代	政治	文化	経済
古代	貴族による摂関政治《せっかんせいじ》が行われた。	日本の風土に合った①国風文化が生まれた。	A
中世	②武家《ぶけ》政権による支配がしだいに広がった。	禅宗《ぜんしゅう》の影響を受けた文化が栄えた。	B
近世	③幕藩《ばくはん》体制による支配のしくみが整えられた。	上方《かみがた》を中心に，町人の文化が栄えた。	C
近代	④立憲《りっけん》制国家のしくみが整えられた。	西洋の影響を受けた文化が広まった。	D

問１　下線部①に最も関係の深い人物を，次の**1**～**4**から一つ選び，番号を書け。

1　鑑真《がんじん》　　**2**　聖武《しょうむ》天皇　　**3**　清少納言《せいしょうなごん》　　**4**　中大兄皇子《なかのおおえのおうじ》

問２　表の**A**～**D**には，各時代の経済に関するできごとがあてはまる。**B**にあてはまるものを，次の**1**～**4**から一つ選び，番号を書け。

1　商工業者が同業者ごとに株仲間《かぶなかま》をつくり，営業を独占した。
2　都と地方を結ぶ道路が整えられ，調《ちょう》や庸《よう》などの税が運ばれた。
3　殖産興業《しょくさんこうぎょう》政策のもと，新しい技術の開発や普及がはかられた。
4　交通の盛んな所では馬借《ばしゃく》や車借《しゃしゃく》，問《とい》（問丸《といまる》）といった運送業者が活躍した。

問３　下線部②に関する次の**1**～**4**のできごとを，年代の古い方から順に並べ，番号で答えよ。

1　南朝が北朝に統一され，南北朝の内乱が終わった。
2　上皇《じょうこう》らが隠岐《おき》などに追放され，京都に六波羅探題《ろくはらたんだい》が置かれた。
3　多くの守護大名《だいみょう》を巻き込んだ戦乱が京都で起き，下剋上《げこくじょう》の風潮が広まった。
4　国ごとに守護《しゅご》を，荘園《しょうえん》や公領《こうりょう》ごとに地頭《じとう》を置くことを，初めて朝廷《ちょうてい》が認めた。

問４　下の□内は，千秋さんが，下線部③の時期のできごとについてまとめたものである。㋑，㋺の（　）にあてはまるものを，それぞれ一つ選び，記号を書け。

> 幕府は，㋑（**a**　御成敗式目《ごせいばいしきもく》，**b**　武家諸法度《ぶけしょはっと》）を定め，築城などに規制を設けて，大名を統制した。また，幕府は，年貢を負担する百姓《ひゃくしょう》が㋺（**c**　米，**d**　土地）を売買することを禁止した。

問５　下の□内は，千秋さんが，下線部④についてまとめたものである。㋩の（　）にあてはまるものを一つ選び，記号を書け。また，（㊁）にあてはまる語句を書け。

> ㋩（**a**　板垣退助《いたがきたいすけ》，**b**　伊藤博文《いとうひろぶみ》）らが作成した憲法案は，審議を経て，大日本帝国憲法として発布された。この憲法の条文には，国民に（㊁）の範囲内で言論の自由といった権利を認めることが定められた。

問６　下の□内は，千秋さんが，近世から近代へと移り変わるころのできごとが人々の生活に与えた影響についてまとめたものである。（㋭），（㋬）にあてはまる語句を正しく組み合わせたものを，次の**1**～**4**から一つ選び，番号を書け。また，〔　㋣　〕にあてはまる内容を，「物価」の語句を使って書け。

> 欧米《おうべい》諸国との貿易が始まると，日本からはおもに（㋭）が輸出されたが，生産が追いつかず，国内では品不足となった。また，日本と外国の金と銀の交換比率が異なっていたことから（㋬）が流出した。これらの影響で，国内では〔　㋣　〕こともあり，人々の生活は苦しくなった。

1　㋭は生糸，㋬は金　　**2**　㋭は生糸，㋬は銀　　**3**　㋭は綿糸，㋬は銀　　**4**　㋭は綿糸，㋬は金

2 緑さんは，20世紀以降のわが国と世界との関わりについて調べ，カードにまとめた。カードをみて，各問に答えよ。

〈カード〉

A	B	C	D
第一次世界大戦後の欧米で民衆の政治参加が進む中，わが国では民主主義を求める風潮である（　）が広がった。	国際情勢の変化により，GHQは占領政策を転換し，①わが国は国際社会に復帰した。	②高度経済成長の時期に，わが国は貿易を拡大し，GNPは資本主義国の中で第２位となった。	グローバル化が進み，地球規模の課題解決に向け，わが国も③環境分野で貢献している。

問１　カード**A**について，（　）にあてはまる語句を書け。

問２　下の□内は，緑さんが，下線部①について，資料Ⅰ，Ⅱから読み取れることをもとにまとめたものである。㋑と㋺の（　）にあてはまるものを，それぞれ一つ選び，記号を書け。

> 資料Ⅰに調印すると同時に，わが国は㋑（**a**　日米安全保障条約，**b**　日中平和友好条約）を結んだ。資料Ⅱに調印した年と同じ年に，わが国は㋺（**c**　国際連盟，**d**　国際連合）に加盟した。

〈資料Ⅰ〉

> 日本国と各連合国との戦争状態は，第23条の定めるところにより，この条約が日本国と当該連合国との間に効力を生ずる日に終了する。

〈資料Ⅱ〉

> 日本国とソ連との間の戦争状態は，この宣言が効力を生ずる日に終了し，両国の間に平和及び友好善隣関係が回復される。

※資料Ⅰ，Ⅱは，条約等を抜粋，改変　　（資料Ⅰ，Ⅱは，外務省ホームページから作成）

問３　下の□内は，緑さんが，下線部②のわが国の人々のくらしについてまとめたものである。〔　　〕にあてはまる内容を，資料Ⅲ，Ⅳから読み取って書け。

> わが国では，〔　　〕ことで，家事の時間が短縮され，人々は余暇を楽しむゆとりができた。

〈資料Ⅲ〉１世帯あたり年平均１か月間の収入額の推移

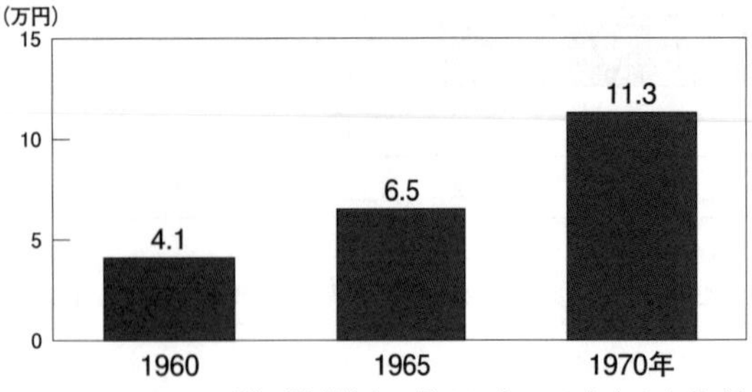

（第7版「数字で見る日本の100年」から作成）

〈資料Ⅳ〉家庭電化製品の普及率の推移

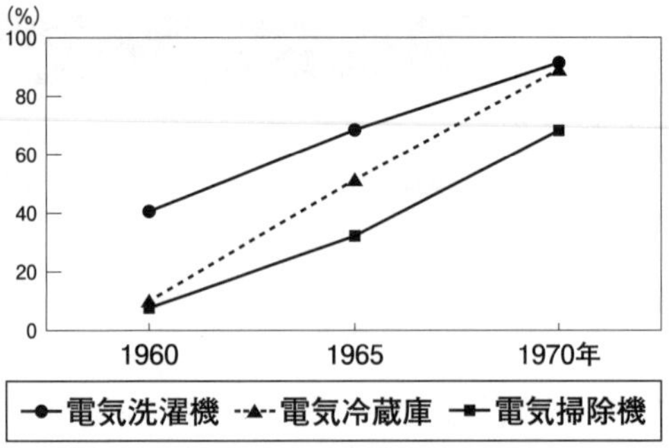

（内閣府資料から作成）

問４　下線部③に関する次の**あ**～**う**のできごとを，年代の古い方から順に並べ，記号で答えよ。

あ　地球環境問題への対策を進めるため，環境基本法を制定した。

い　温室効果ガスの削減目標を全参加国が定めるパリ協定に参加した。

う　排煙の基準を決めるなど，公害防止の規制を強めた公害対策基本法を制定した。

3　由希さんは，世界の州や国の特色などについて調べるため，略地図を作成した。略地図の**A**～**F**は，世界の六つの州を示している。略地図をみて，各問に答えよ。

〈略地図〉

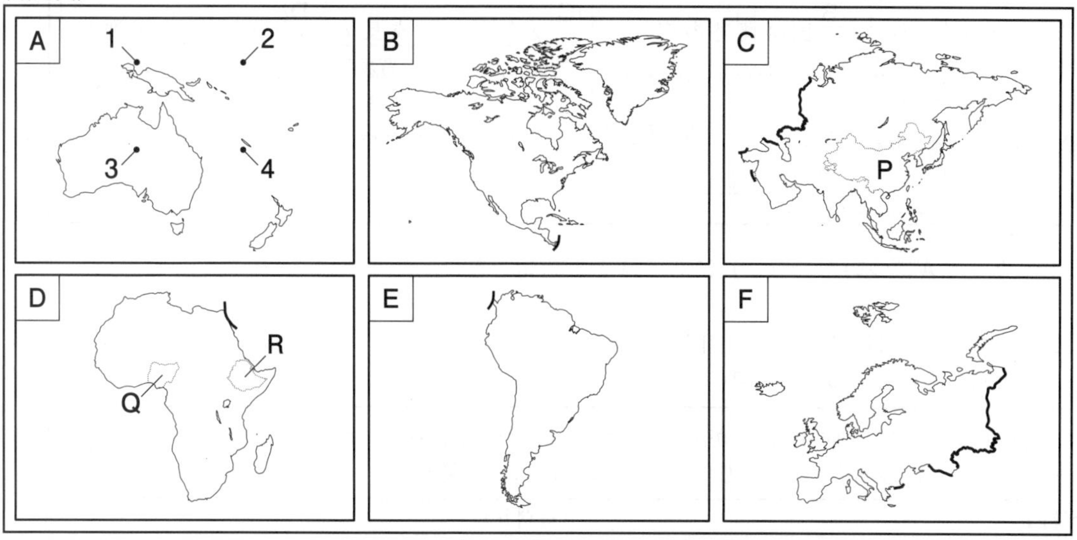

（〜は州境を示す。略地図**A**～**F**，資料Ⅵの図法，縮尺は同じではない。）

問１　略地図**A**中に**1**～**4**で示した・のうち，赤道と日本標準時子午線の交点を，**1**～**4**から一つ選び，番号を書け。

問２　資料Ⅰの**w**～**z**には，略地図**A**～**F**の州のうちヨーロッパ州とオセアニア州以外の州があてはまる。**B**の州にあてはまるものを，**w**～**z**から一つ選び，記号を書け。

〈資料Ⅰ〉人口，穀物生産量の州別割合（2020年）

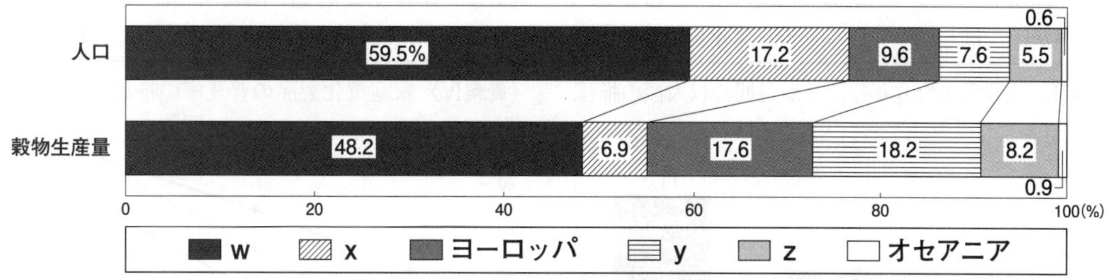

※ロシア連邦の人口，穀物生産量は，ヨーロッパ州に含む。

（2022年版「データブック　オブ・ザ・ワールド」等から作成）

問３　下の□内は，略地図**C**中の**P**の国について説明したものである。〔　　〕にあてはまる内容を，「経済特区」と「受け入れる」の語句を使って書け。

Pの国は，〔　　〕ことで，資本や技術の導入を進め，急速に工業を発展させてきた。それにともない，国内では，内陸の農村部から沿岸の都市部への人口移動がみられるようになった。

問4　下の□内は，由希さんが，資料Ⅱ，Ⅲから，略地図**D**の州について調べたことをまとめたものである。（㋐）にあてはまる語句を書け。また，㋑，㋒の（　）にあてはまるものをそれぞれ一つ選び，記号を書け。ただし，同じ記号は同じ語句を示している。

> **Q**，**R**の国は，輸出の特色から，（㋐）とよばれる状態にあり，**D**の州には，（㋐）の国が多くみられる。**Q**，**R**の国のおもな輸出品は，国際価格の変動が㋑（**a**　大きい，**b**　小さい）ため，国の収入が㋒（**c**　安定しやすい，**d**　不安定になりやすい）傾向がある。

〈資料Ⅱ〉**Q**の国のおもな輸出品目の内訳（2020年）

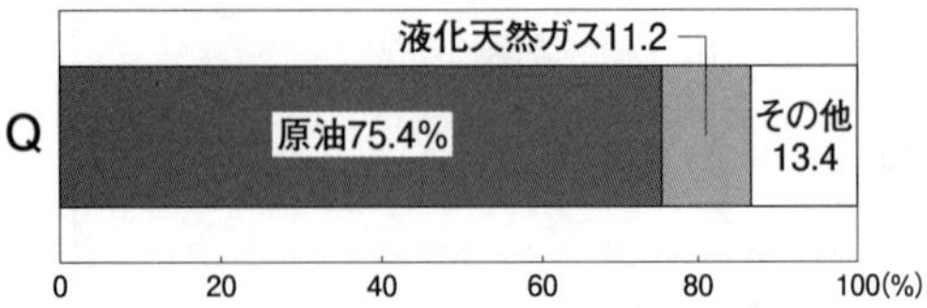

〈資料Ⅲ〉**R**の国のおもな輸出品目の内訳（2020年）

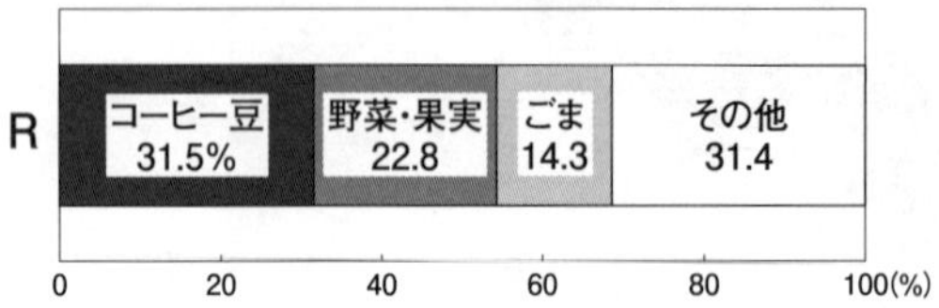

（資料Ⅱ，Ⅲは，2022/23年版「世界国勢図会」から作成）

問5　下の□内は，由希さんが略地図**F**の州について調べたことをまとめたものである。〔　　〕にあてはまる内容を，資料Ⅴ，Ⅵを関連づけ，「関税」の語句を使って書け。

> 2004年以降，資料Ⅳのように，東ヨーロッパの国の自動車生産台数の伸びが著しい。その理由の一つに，企業が，生産拠点を西ヨーロッパから東ヨーロッパに移していることがある。企業が，生産拠点を東ヨーロッパに移す利点は，〔　　〕ことである。

〈資料Ⅳ〉自動車生産台数の割合の推移

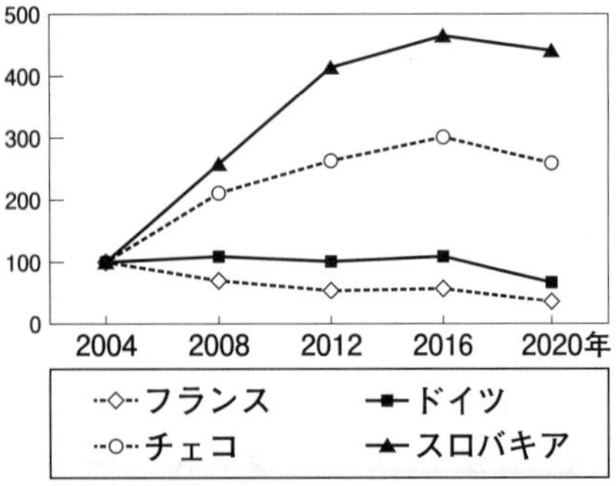

※2004年のそれぞれの国の生産台数を100として表している。
（国際自動車工業連合会ホームページから作成）

〈資料Ⅴ〉製造業月平均賃金（2020年）

国名＼項目	製造業月平均賃金（ドル）
フランス	6 222
ドイツ	5 252
チェコ	1 618
スロバキア	1 566

（「世界の統計2023」から作成）

〈資料Ⅵ〉ＥＵ加盟国

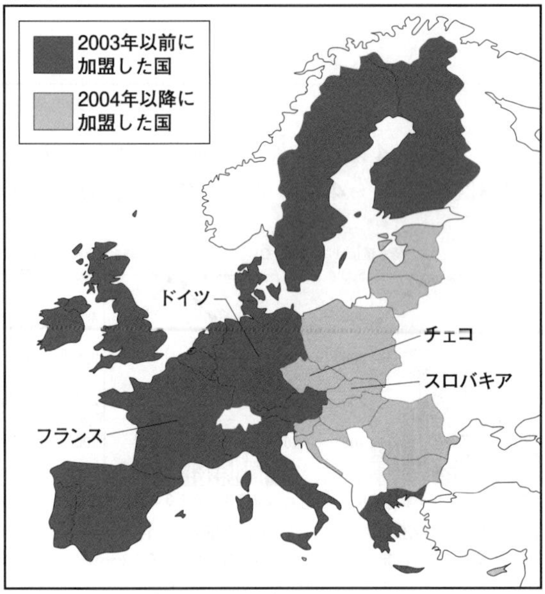

※イギリスは，2020年にEUから離脱
（2022/23年版「世界国勢図会」から作成）

4

優真さんは，日本の七つの地方（中国・四国地方を一つの地方とする。）の特色を調べるため，略地図を作成し，資料を集めた。略地図のA～Gは，日本の各地方を示している。略地図と資料をみて，各問に答えよ。ただし，同じ記号は同じ地方を示している。

〈略地図〉

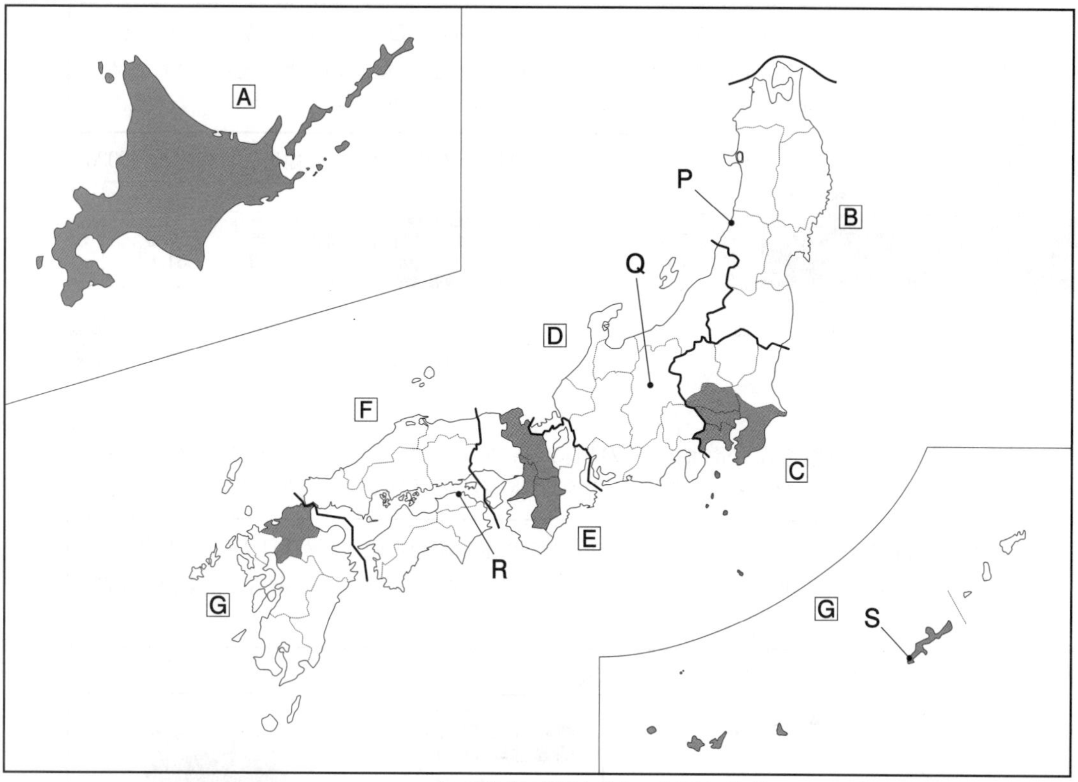

（〜は地方の境界を示す。略地図，資料Ⅱ，Ⅲの図法，縮尺は同じではない。）

問１　下の１～４は，略地図中P～Sのいずれかの都市の雨温図である。P，Rの都市の雨温図を，１～４からそれぞれ一つ選び，番号を書け。

1

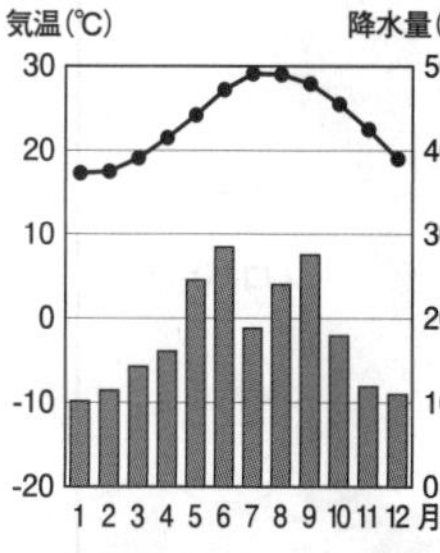

年平均気温　23.3℃
年降水量　2 161.0mm

2

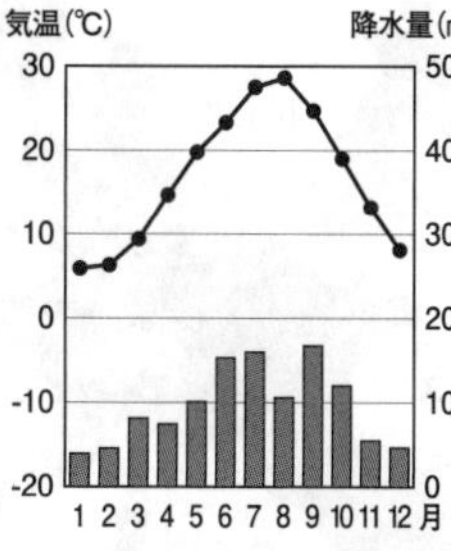

年平均気温　16.7℃
年降水量　1 150.1mm

3

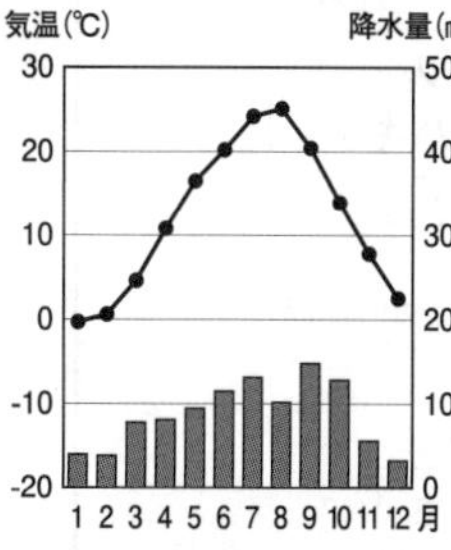

年平均気温　12.2℃
年降水量　1 045.1mm

4

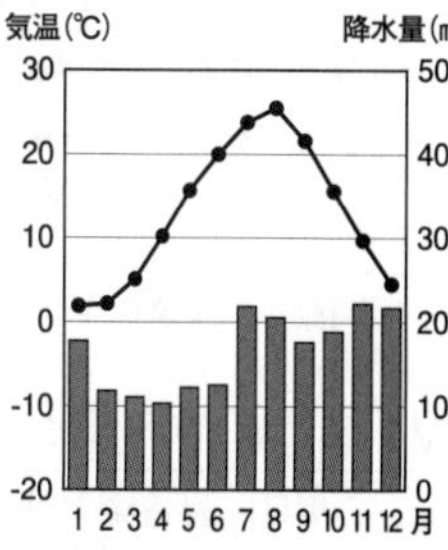

年平均気温　13.0℃
年降水量　1 986.8mm

（気象庁ホームページから作成）

問２　略地図中 ⬬ で示した都道府県は，下の１～４のいずれかの都道府県別統計（2020年）の上位10都道府県である。どの統計をもとにしたものか，１～４から一つ選び，番号を書け。

１　火力発電発電量　　　　２　65歳以上人口の割合
３　産業別人口に占める第三次産業の割合　　　　４　林野面積

三

問一

問二

問三

問四

及ビテハ至ルニ安楽ニ

問五

(1) ア

イ

(2) ウ

(3) エ

問一． 1点
問二． 1点
問三． 2点
問四． 2点
問五． (1) 1点
(2) 1点
(3) 3点

四

15点

受検番号

※

※

※

※

得点

※60点満点

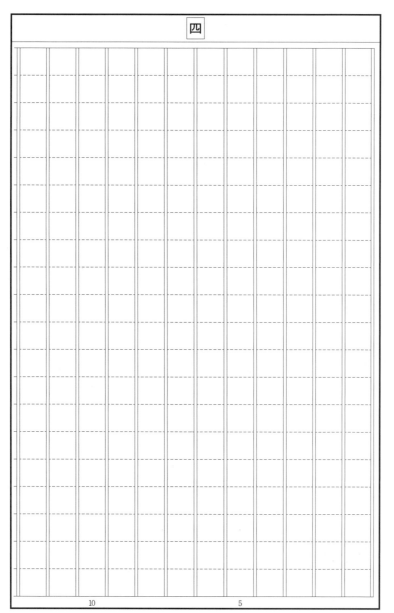

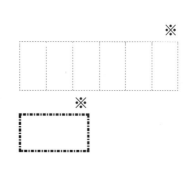

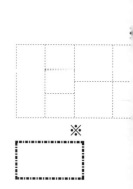

令和６年度学力検査解答用紙

数　学

受 検 番 号

氏　名

・　この用紙の内側に解答欄があります。
・　監督者の指示があったら，この用紙を冊子から取りはずし，受検番号，氏名を記入してください。なお，受検番号を記入する欄は，内側にもあります。
・　受検番号，氏名の記入が終わったら，この用紙を二つ折りにして，静かに開始の合図を待ってください。

1	(1)		(7)	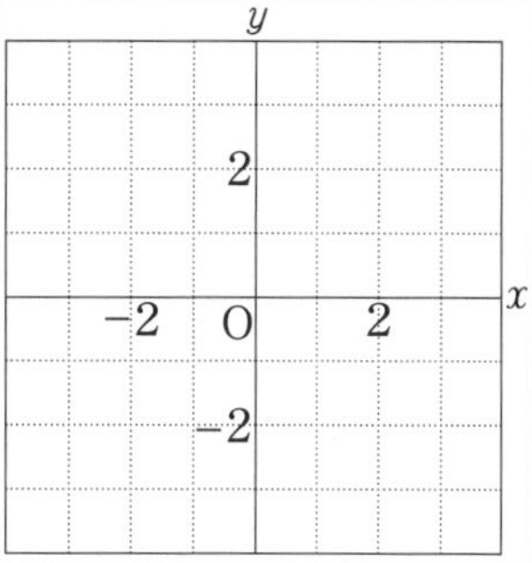
	(2)			
	(3)			
	(4)	$y=$		
	(5)	$x=$　　　，$x=$	(8)	回
	(6)		(9)	およそ　　　　人

※

※

2	(1)	
	(2)	(説明)

※

※

3	(1)		(2)	A		B	
	(3)	(証明) したがって，連続する3つの整数のうち，真ん中の数の2乗から1をひいた差は，最も小さい数と最も大きい数の積になる。					
	(4)	Ⓠ		C			

※

※

1 2点×9 ((5)は完答)
2 (1)2点　(2)3点
3 (1)1点　(2)完答2点　(3)3点　(4)完答3点

令和６年度学力検査解答用紙

英　語

受 検 番 号

氏　名

・　この用紙の内側に解答欄があります。
・　監督者の指示にしたがって，この用紙と英語リスニングテスト問題用紙を冊子から取りはずし，英語筆記テスト問題冊子は机の中に入れてください。
・　監督者の指示があったら，受検番号，氏名を記入してください。なお，受検番号を記入する欄は，内側にもあります。
・　受検番号，氏名の記入が終わったら，この用紙を二つ折りにして，静かに放送を待ってください。

6.3 英語　解答用紙

英語リスニングテスト

問題 1	(1)		(2)		(3)	
問題 2	(1)		(2)			
問題 3	(1)		(2)		(3)	

問題 4	問 1	(1)	
		(2)	He will watch an (　　　　) (　　　　) in Room 3.
		(3)	
	問 2		

※

※

※

問題 1　1 点 × 3　問題 2　1 点 × 2　問題 3　2 点 × 3

問題 4　問 1．(1) 1 点　(2) 2 点　(3) 3 点　問 2．3 点

英語筆記テスト

1	A		B		C		D	

2 点 × 4

※

2	問 1	①	
		②	
	問 2		
	問 3	(1)	
		(2)	

2 点 × 5

※

※

令和６年度学力検査解答用紙

理　科

受検番号

氏　名

・　この用紙の内側に解答欄があります。
・　監督者の指示があったら，この用紙を冊子から取りはずし，受検番号，氏名を記入してください。なお，受検番号を記入する欄は，内側にもあります。
・　受検番号，氏名の記入が終わったら，この用紙を二つ折りにして，静かに開始の合図を待ってください。

6.3 理科　解答用紙

1

問1				
問2	A		B	
問3	(1) C		D	
	(2)			

問1．完答1点
問2．完答2点
問3．(1)完答2点
　　　(2)2点

※

※

2

問1			
問2	ア	（　　）と（　　）	
	イ	（　　）と（　　）	ウ
問3	名称	実験	
	内容		

問1．2点
問2．ア．1点
　　　イ・ウ．完答2点
問3．完答3点

※

※

3

問1	試験管Aに,		
問2		問3	
問4	図2 （　　）＋（　　）→（　　）＋ CO_2		

問1．2点
問2．1点
問3．2点
問4．2点

※

※

4

問1					
問2	こまごめピペットの先端を				
問3	Y	問4	①		②

A液5.0mLにB液6.0mLを加えた液

問1．2点
問2．2点
問3．2点
問4．完答2点

※

※

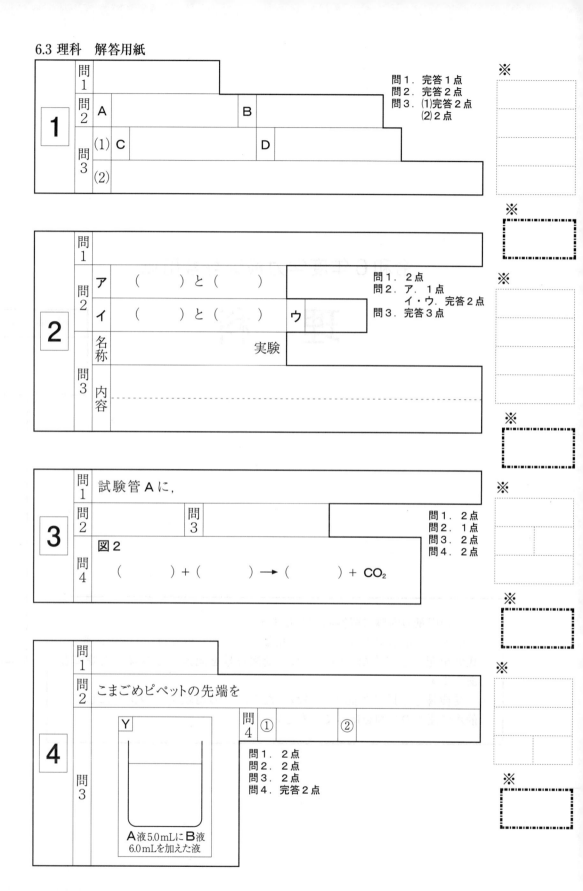

令和６年度学力検査解答用紙

社　会

受検番号

氏　名

・　この用紙の内側に解答欄があります。
・　監督者の指示があったら，この用紙を冊子から取りはずし，受検番号，氏名を記入してください。なお，受検番号を記入する欄は，内側にもあります。
・　受検番号，氏名の記入が終わったら，この用紙を二つ折りにして，静かに開始の合図を待ってください。

6.3 社会　解答用紙

1				
	問 1			
	問 2			
	問 3	→ → →		
	問 4	㋑	㋺	
	問 5	㋩	㋥	
	問 6	番号		
		㋣		

問１．２点
問２．２点
問３．完答２点
問４．完答２点
問５．完答２点
問６．完答２点

※

※

2				
	問 1			
	問 2	㋑	㋺	
	問 3			
	問 4	→ →		

問１．２点
問２．完答２点
問３．２点
問４．完答２点

※

※

問１．１点
問２．２点
問３．２点
問４．㋐１点
㋑㋒完答２点
問５．２点

3				
	問 1			
	問 2			
	問 3			
	問 4	㋐		
		㋑	㋒	
	問 5			

※

※

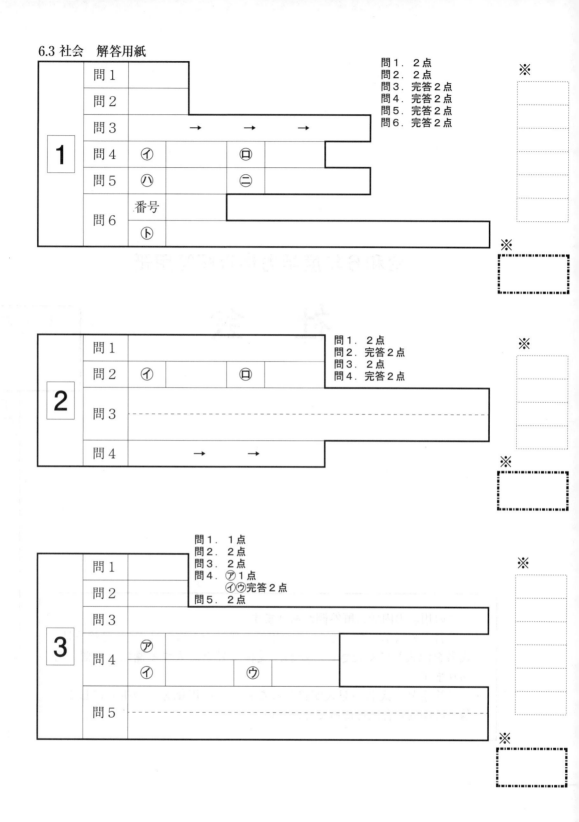

4	問1	P		R	
	問2				
	問3				
	問4	㋑	県	㋺	県
		㋩			
	問5				

問1．完答2点
問2．2点
問3．2点
問4．完答2点
問5．2点

※

※

5	問1	㋑		㋺	
	問2	内閣		衆議院の解散	
	問3	首長が,			
	問4	ⓑ		ⓒ	
	問5	(1)			
		(2)			
	問6	(1)			
		(2)			

問1．1点×2
問2．完答2点
問3．2点
問4．完答2点
問5．(1)2点　(2)1点
問6．(1)1点　(2)2点

※

※

6	問1	
	問2	
	問3	

問1．1点
問2．2点
問3．3点

※

※

受検番号

※

得点	

※60点満点

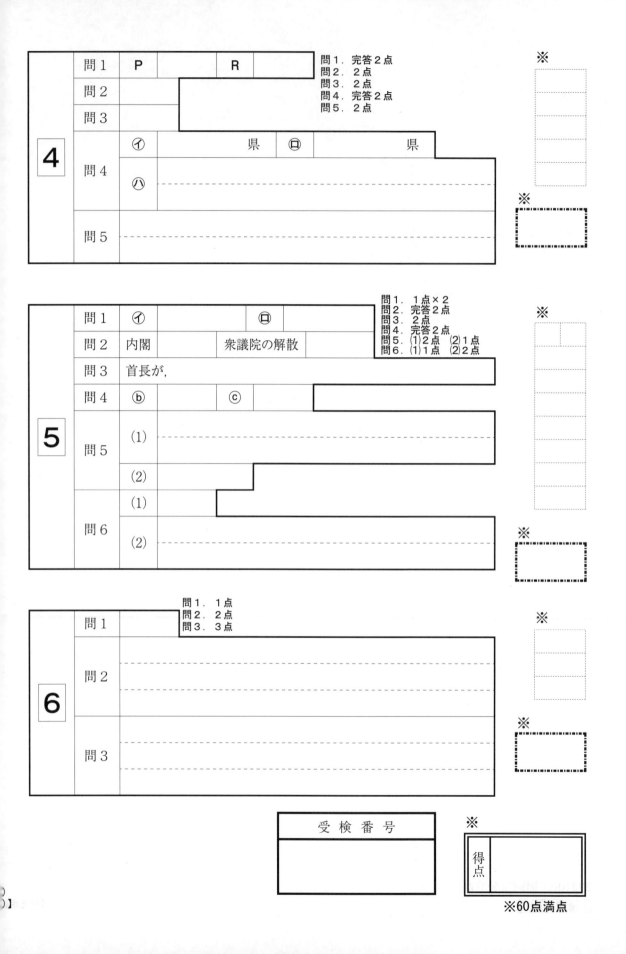

【解答用紙

5

問1．1点
問2．2点
問3．2点
問4．2点

問1	
問2	
問3	化石
問4	

※

※

6

2点×4

問1	
問2	
問3	
問4	

※

※

7

問1．1点
問2．1点
問3．2点
問4．完答3点

問1		問2	倍

問3

図2

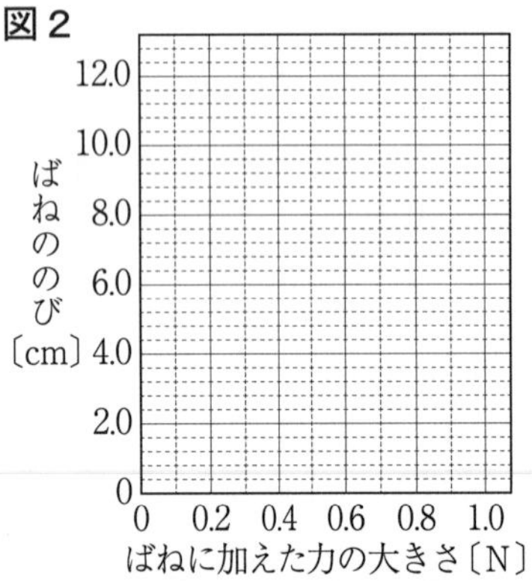

問4

図4

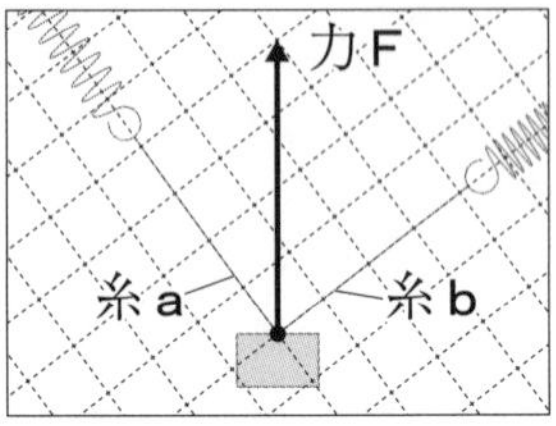

ばねBののび	cm

※

※

※

※

8

問1．1点
問2．1点
問3．2点
問4．2点×2

問1		問2	
問3	V		
問4	(1) Ω	(2) J	

※

受検番号

※

得点	

※60点満点

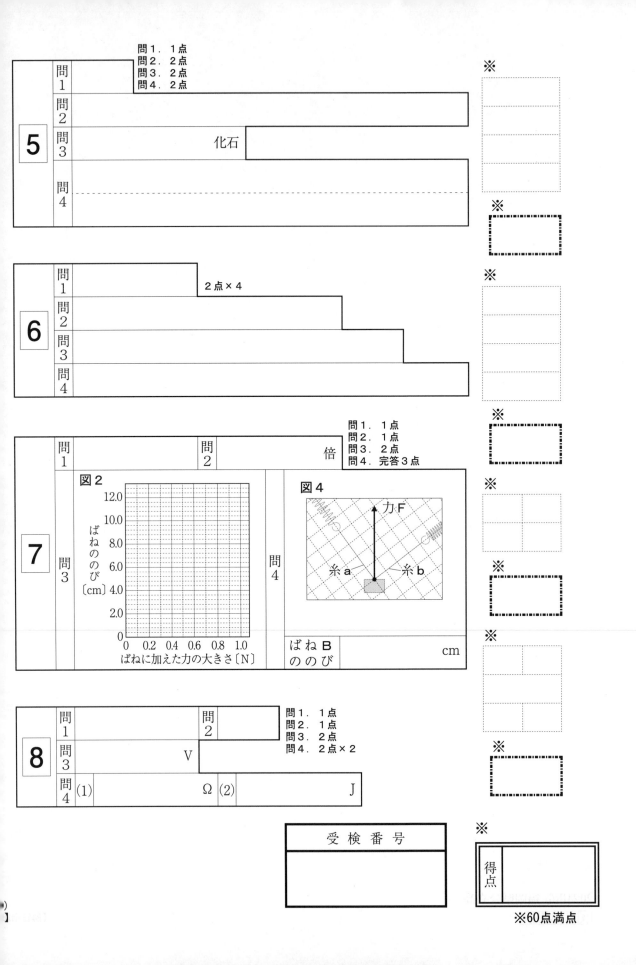

※

※

3		
	問1	
	問2	
	問3	
	問4	
	問5	

問1．２点　問2．２点　問3．３点　問4．２点×２　問5．３点

※

4
is the best month.

８点

受検番号

※

得点	

※60点満点

4	(1)	円				
	(2)					
	(3)					

※

※

5	(1)	点P，Qとする2点			図形	
	(2)	（証明）				
	(3)	(㋐, ㋑, ㋒, ㋓)	(　　,　　,　　,　　)	(　　,　　,　　,　　)		
	(4)	倍				

※

※

6	(1)	
	(2)	cm
	(3)	cm^3

※

※

1)２点　⑵２点　⑶３点

1)完答２点　⑵５点　⑶１点×２　⑷３点

1)完答２点　⑵３点　⑶４点

受検番号

※

得点	

※60点満点

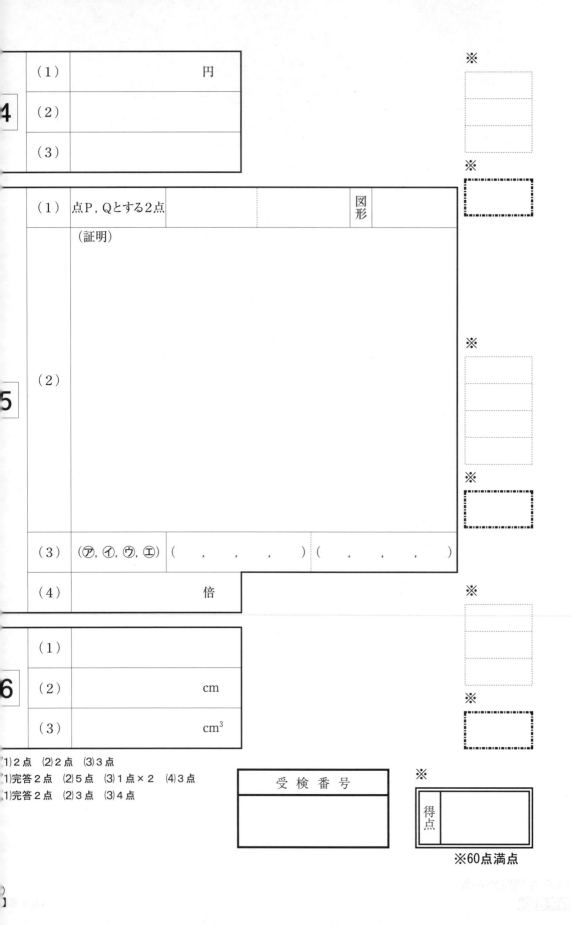

6・3国語 解答用紙

一

(1)

問一 X

問二 ア

問三

問四

問五 A B

20

25

(2)

問一

問二

問三

問四

問五

問六 ア イ

(1)問一．２点
問二．２点
問三．２点
問四．２点
問五．２点×２
(2)問一．２点
問二．２点
問三．１点
問四．１点
問五．１点
問六．１点×２

二

問一

問二 ア イ

問三 (1) A (2) B

問四

問一．２点
問二．２点×２
問三．２点×２
問四．２点

※ ※ ※

※ ※ ※

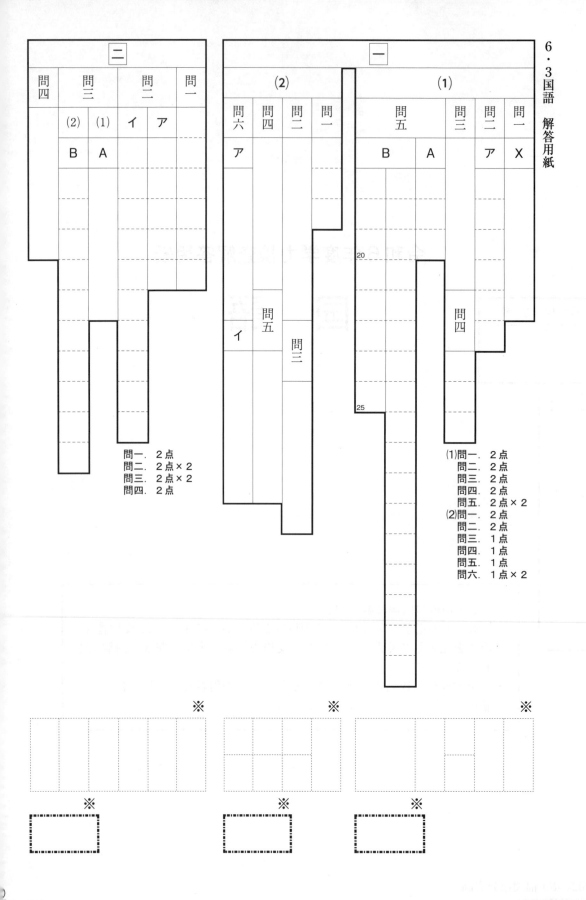

令和6年度学力検査解答用紙

国　語

受検番号

氏　名

・　この用紙の内側に解答欄があります。
・　監督者の指示があったら，この用紙を冊子から取りはずし，受検番号，氏名を記入してください。なお，受検番号を記入する欄は，内側にもあります。
・　受検番号，氏名の記入が終わったら，この用紙を二つ折りにして，静かに開始の合図を待ってください。

問３　資料Ⅰの**あ**～**お**には，略地図のA～G地方のうちA地方とF地方以外の地方があてはまる。E地方にあてはまるものを，**あ**～**お**から一つ選び，記号を書け。

〈資料Ⅰ〉農産物の産出額と工業製品の製造品出荷額等の地方別割合（2019年）

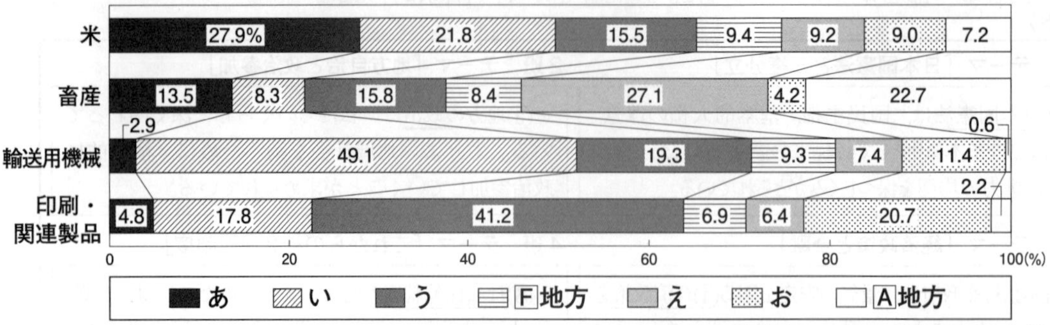

（2023年版「データでみる県勢」等から作成）

問４　下の□内は，優真さんが，略地図のB，G地方の特色についてまとめたものである。（㋑），（㋺）にあてはまる県名をそれぞれ書け。また，〔　㋩　〕にあてはまる内容を，資料Ⅱ，Ⅲから読み取って書け。

B地方の（㋑），G地方の（㋺）は，〔　㋩　〕ことから，両県は，それぞれの地方の産業や交通の中心となっているといえる。

〈資料Ⅱ〉人口と事業所数（2019年）

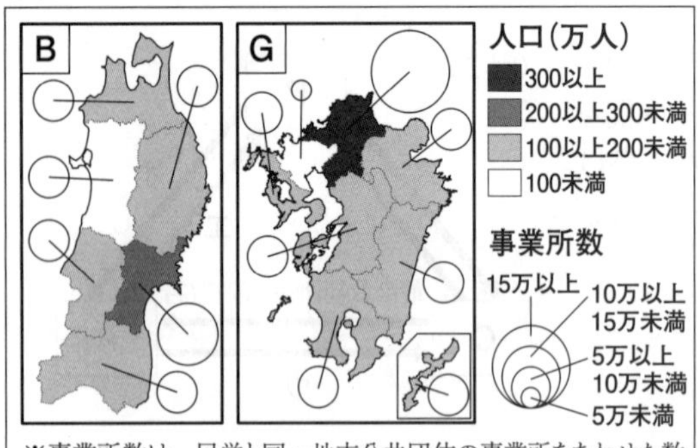

※事業所数は，民営と国・地方公共団体の事業所をあわせた数

（2022年版「データでみる県勢」等から作成）

〈資料Ⅲ〉高速バスの輸送客数（2019年）

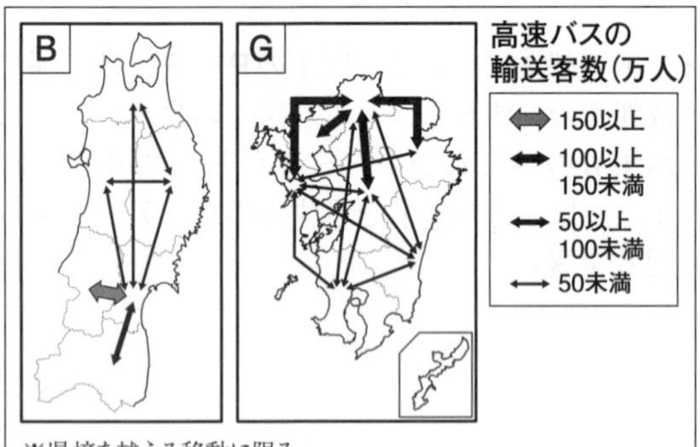

※県境を越える移動に限る。

（国土交通省ホームページから作成）

問５　下の□内は，優真さんが，略地図のA地方の農業の特色についてまとめたものである。〔　　〕にあてはまる内容を，資料Ⅴ，写真から読み取って書け。

A地方の農業は，資料Ⅳから，A地方以外の地方の平均と比べて，農業従事者一人あたりの農業産出額が多い。また，資料Ⅴ，写真から〔　　〕という特色があるといえる。

〈資料Ⅳ〉農業従事者一人あたりの農業産出額（2020年）

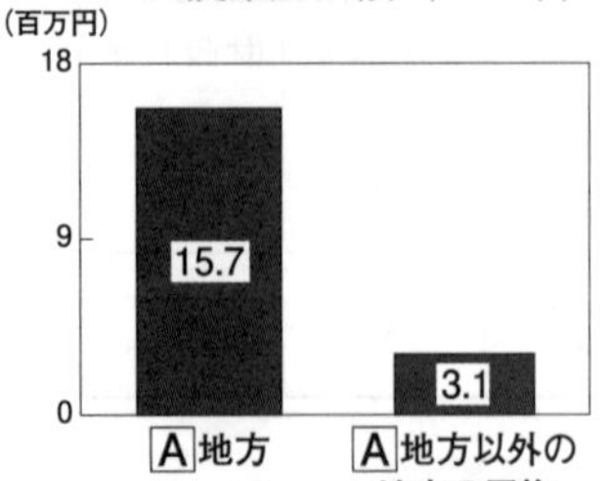

（2023年版「データでみる県勢」から作成）

〈資料Ⅴ〉A～G地方の耕地面積と農業従事者数（2020年）

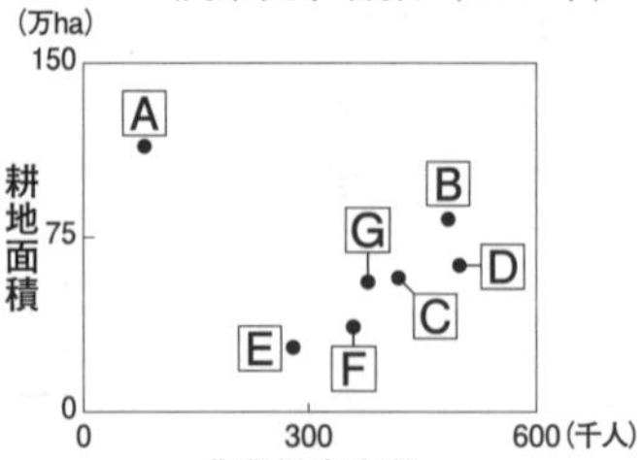

（2023年版「データでみる県勢」等から作成）

〈写真〉A地方でみられる大型の機械を利用した農作業の様子

（北海道庁ホームページから引用）

5　直美さんと知広さんの学級では，班ごとにテーマを決めて発表することになり，調べた内容の一部をカードにまとめた。カードをみて，各問に答えよ。

〈カード〉

1班　テーマ「日本国憲法と三権分立」	2班　テーマ「地方自治と政治参加」
①日本国憲法は，国民主権，基本的人権の尊重，平和主義を基本原則としている。この憲法では，②三権が互いに権力の均衡を保つしくみがとられている。	③地方の政治は，私たちのくらしに深く関わっている。よりよい地域社会を築くために，積極的に政治参加していくことが求められている。
3班　テーマ「経済政策と金融」	**4班　テーマ「これからの社会保障制度」**
日本銀行や政府は，景気の安定を図る④経済政策を行っている。また，金融は，資金の流れを円滑にすることで，個人や⑤企業の経済活動を助けている。	⑥社会保障制度の充実，安定化のためには，自助，共助及び公助が適切に組み合わされるように，世代を超えた協力が必要になる。

問1　下線部①について，下の □ 内の（㋑），（㋺）にあてはまる語句をそれぞれ書け。

> 日本国憲法は，子どもに普通（㋑）を受けさせる義務，（㋺）の義務，納税の義務を，国民の義務として定めている。

問2　下線部②について，図ⅠのP～Rには，国会，内閣，裁判所のいずれかが入る。図ⅠのP～Rのうち，内閣を示すものはどれか，P～Rから一つ選び，記号を書け。また，衆議院の解散を示すものを，ア～オから一つ選び，記号を書け。

〈図Ⅰ〉

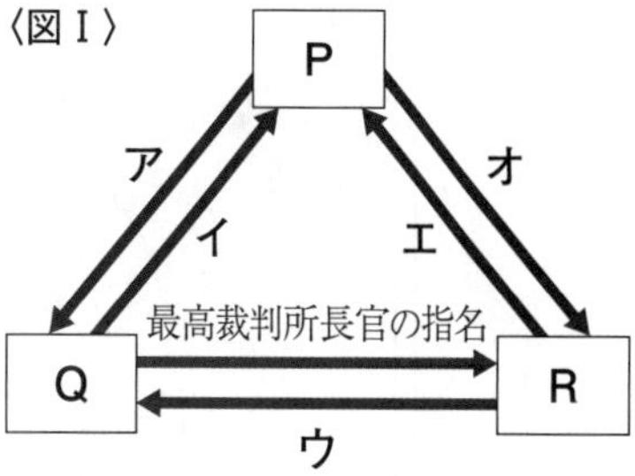

問3　下線部③について，図Ⅱは地方の政治のしくみを模式的に示したものである。国の政治のしくみにはみられない，地方の政治の特徴を，図Ⅱから読み取り，「首長が，」の書き出しで書け。

〈図Ⅱ〉

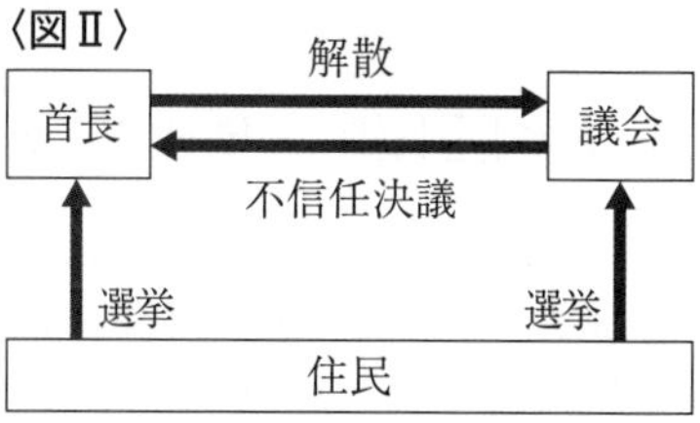

問4　下線部④について，表は，金融政策と財政政策の一部をまとめたものである。次のア～エは，表中のⓐ～ⓓのいずれかにあてはまる。ⓑ，ⓒにあてはまるものを，ア～エからそれぞれ一つ選び，記号を書け。

ア　減税政策を行う。
イ　国債などを売る政策を行う。
ウ　国債などを買う政策を行う。
エ　公共投資を減らす政策を行う。

〈表〉

状況＼政策	金融政策	財政政策
好景気(好況)のとき	ⓐ	ⓑ
不景気(不況)のとき	ⓒ	ⓓ

問５　下の□内は，下線部⑤について，図Ⅲ，Ⅳをもとに，企業が家計から資金を集める方法についてまとめたものである。(1)，(2) に答えよ。ただし，同じ記号は同じ語句を示している。

> 企業が家計から資金を集める方法は，おもに二つある。一つは，間接金融で，図Ⅲのように，企業が〔　㋩　〕方法である。もう一つは，直接金融で，図Ⅳのように，企業が（㊁）を発行することで家計から資金を調達する方法である。

(1)〔　㋩　〕にあてはまる内容を，図Ⅲから読み取り，「家計」の語句を使って書け。

(2)（㊁）にあてはまる語句を書け。

〈図Ⅲ〉

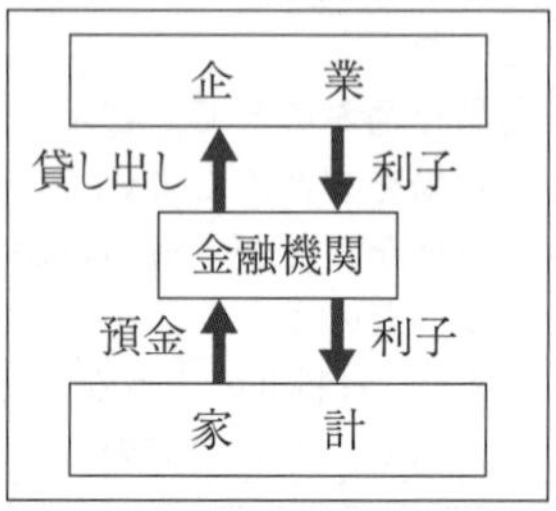

〈図Ⅳ〉

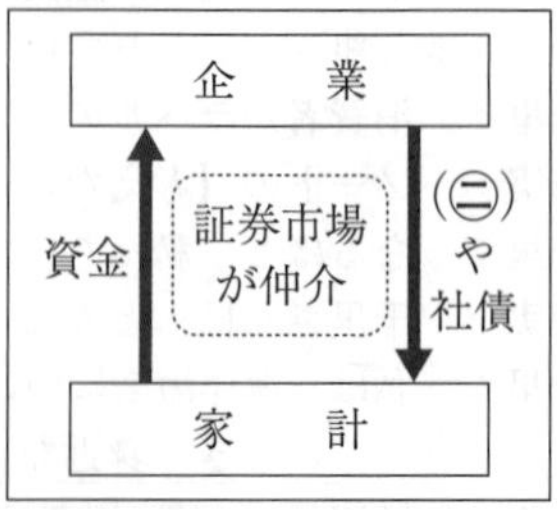

問６　下の□内は，下線部⑥について，直美さんと知広さんが，資料Ⅰ，Ⅱをもとに会話した内容の一部である。会話文を読み，(1)，(2) に答えよ。ただし，同じ記号は同じ語句を示している。

〈会話文〉

> 直美：　わが国の社会保障制度は，日本国憲法第25条の（㋭）の規定に基づいているよ。
> 知広：　そうだね。これまでわが国の社会保障制度は，（㋭）を実現するための制度として，国民の生活水準の向上に役立ってきたけれど，現在，資料Ⅰのように，社会保障給付費の増加にともない，国民負担率が上昇していることがわかったよ。
> 直美：　その理由の一つには，〔　㋬　〕ことで，社会保障給付費の財源となる，社会保険料収入や税収が不足していることが考えられるね。
> 知広：　こうした課題を踏まえ，私たちも自分のこととして，今後のわが国の社会保障のあり方について，考え続けていくことが大切だね。

〈資料Ⅰ〉社会保障給付費と国民負担率（対国民所得比）の推移

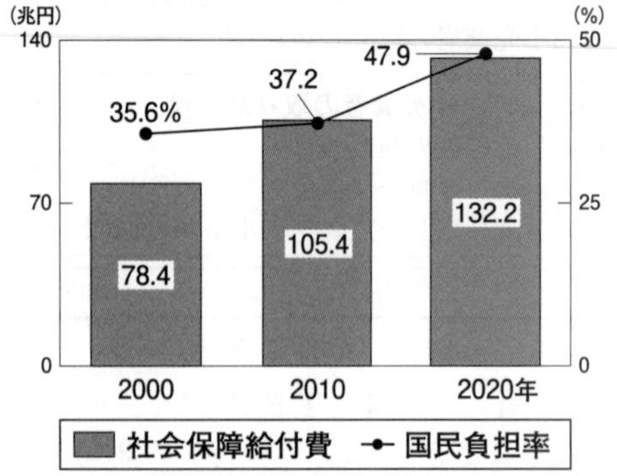

※国民負担率とは，租税負担率と社会保障負担率との合計

〈資料Ⅱ〉わが国の総人口と年齢別人口割合の推移

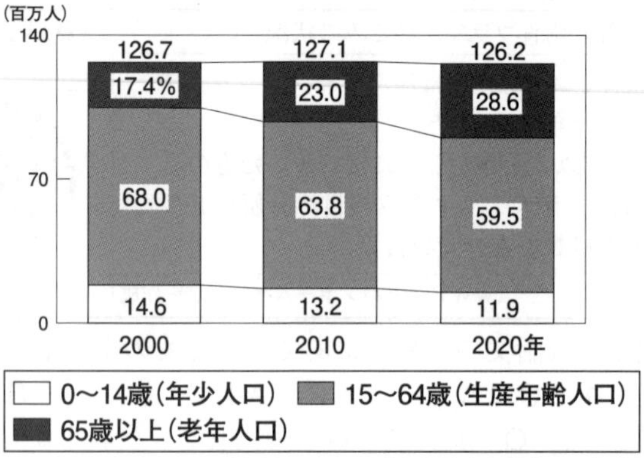

（資料Ⅰ，Ⅱは，厚生労働省資料等から作成）

(1)（㋭）にあてはまるものを，次の１〜４から一つ選び，番号を書け。

　１　団結権　　２　生存権　　３　自由権　　４　平等権

(2)〔　㋬　〕にあてはまる内容を，資料Ⅱから読み取り，「老年人口」と「生産年齢人口」の語句を使って書け。

6

下の□内は，博実さんと千里さんが，漁業と海洋汚染について調べ，それぞれ作成したノートをもとに，会話した内容の一部である。会話文を読み，各問に答えよ。ただし，同じ記号は同じ内容を示している。

〈会話文〉

千里：　博実さんのノートの図Ⅰは，（**P**）の「海の豊かさを守ろう」という目標を示したものだよね。
博実：　そうだよ。私は，「海の豊かさを守ろう」の中の漁業について調べたよ。資料Ⅰから，1979年と2019年を比べると，〔　**Q**　〕というおそれがあることがわかったよ。
千里：　何か解決に向けた取り組みは行われていないのかな。
博実：　消費者が適正に漁獲された魚介類を選びやすくするために，図Ⅱのようなラベルを商品につける取り組みが行われているみたいだよ。
千里：　消費者がラベルのついた商品を選ぶことで，どんな効果があるのかな。
博実：　ノートの【考えたこと】に効果をまとめたよ。
千里：　なるほど，私たちにできる身近なことが，海の豊かさを守ることにつながっているんだね。
博実：　千里さんは，どんなことを調べたのかな。
千里：　私は，海洋汚染について調べて，資料Ⅱのようなことがわかったよ。海洋汚染を解決する上でも，私たちにできる身近なことが大切で，それが海の豊かさを守ることにつながると思うよ。

〈博実さんのノート〉

〈図Ⅰ〉

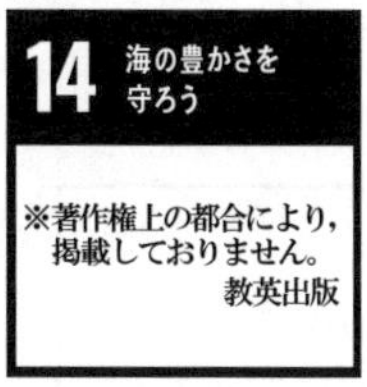

（外務省ホームページから引用）

〈資料Ⅰ〉世界の魚介類の状態の推移

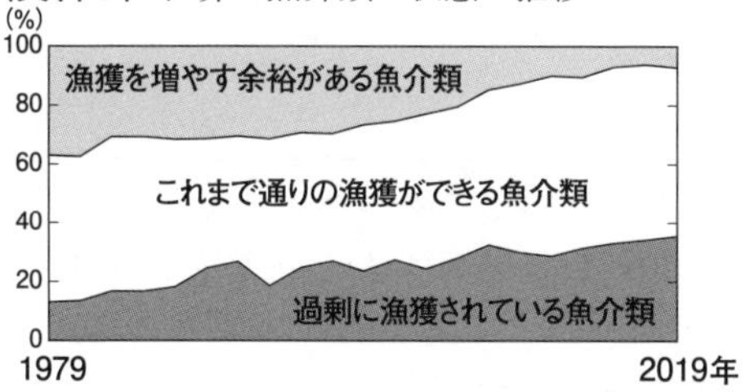

（水産庁ホームページ等から作成）

〈図Ⅱ〉

※水産庁ホームページ等で紹介されている水産エコラベルの一つ
（日本水産資源保護協会ホームページから引用）

【考えたこと】

消費者が，水産エコラベルがついた商品を選ぶ。 ⇨ 小売業者が，水産エコラベルがついた商品の取り扱いを増やす。 ⇨ 生産者が，漁獲を調整する。 ⇨ 〔　**Q**　〕という問題の解決が期待できる。

〈千里さんのノート〉

〈資料Ⅱ〉海洋プラスチックごみの状況

・海洋ごみの65.8％は海洋プラスチックごみ
・総量は年間約800万t
・約8割以上が陸から海に流れ着いたもの
・海洋プラスチックごみの自然分解に必要な期間は長いもので数百年

（WWFジャパンホームページから作成）

〈資料Ⅲ〉福岡県の認証ステッカーとプラスチックごみ削減に協力する小売業者の取り組みの一部

小売業者の取り組み例
・レジ袋の削減
・紙ストローへの変更
・食品トレー，ペットボトルの回収

（福岡県ホームページから作成）

問１　会話文の（**P**）にあてはまるものを，下の**1**～**4**から一つ選び，番号を書け。

1　ＯＤＡ　　**2**　ＡＰＥＣ　　**3**　ＳＤＧｓ　　**4**　ＴＰＰ

問２　〔　**Q**　〕にあてはまる内容を，資料Ⅰから読み取れることをもとに，「維持」の語句を使って書け。

問３　下線部について，資料Ⅲは，福岡県の取り組みの一つである。消費者が，資料Ⅲの取り組みに協力することで期待できる効果を，消費者としてあなたが行う具体的な行動をあげて書け。その際，資料Ⅲに示す小売業者の取り組み例のいずれか一つを踏まえ，「供給」と「海洋プラスチックごみ」の語句を使って書け。

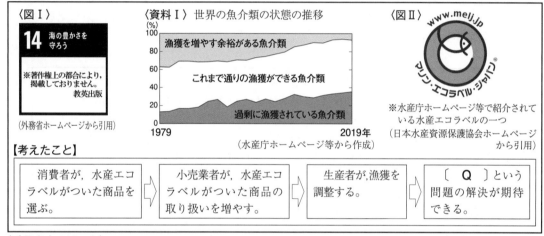

5　明さんは，地層の特徴を調べるために，学校の近くの道路わきで見られた露頭（地層が地表に現れているがけ）を観察した。下の□内は，その観察の手順と結果である。ただし，露頭を観察した地域では，地層の上下の逆転や断層はないことがわかっている。

【手順】

地層の広がり，重なり，傾きを観察し，露頭全体をスケッチする。次に，層の厚さ，色，粒の大きさを調べ，それぞれの層の特徴を記録する。また，化石があるかどうかを調べ，記録する。

【結果】

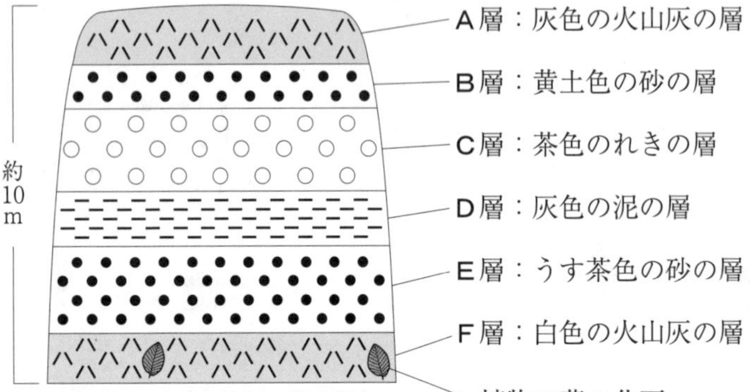

〔スケッチした露頭の模式図〕

<気づいたこと>

○　C層にふくまれるれきは，①角がとれて丸くなっていた。

○　F層には，②植物の葉の化石があった。

問１　A層～F層のうち，最も新しい地層はどれか。A～Fから１つ選び，記号を書け。

問２　下線部①について，C層にふくまれるれきが，丸みを帯びた理由を，「はたらき」という語句を用いて，簡潔に書け。

問３　下線部②について，植物は種類によって生活する環境がちがうため，化石をふくむ地層が堆積した当時の環境を推定することができる。このように地層が堆積した当時の環境を示す化石を何というか。

問４　下の□内は，観察後，明さんが，堆積岩について調べた内容の一部である。文中の下線部のようすを，「石灰岩」，「チャート」の２つの語句を用いて，簡潔に書け。

堆積物が固まってできた岩石を堆積岩という。堆積岩のうち，貝殻やサンゴなどが堆積してできたものを石灰岩，海水中をただよう小さな生物の殻などが堆積してできたものをチャートという。石灰岩とチャートは，うすい塩酸をかけたときのようすから見分けることができる。

6 福岡県のある地点で，ある年の３月１日の午後８時に，オリオン座と金星を観察し，それぞれの位置を記録した。**図１**は，その観察記録である。また，**図２**は，３月１日の１か月後の４月１日の午後８時に，同じ地点で観察したオリオン座と金星の位置を記録したものである。

下は，観察記録をふまえて考察しているときの，鈴さんと涼さんと先生の会話の一部である。また，**図３**は，天体シミュレーションソフトの画面を模式的に示したものである。

図１

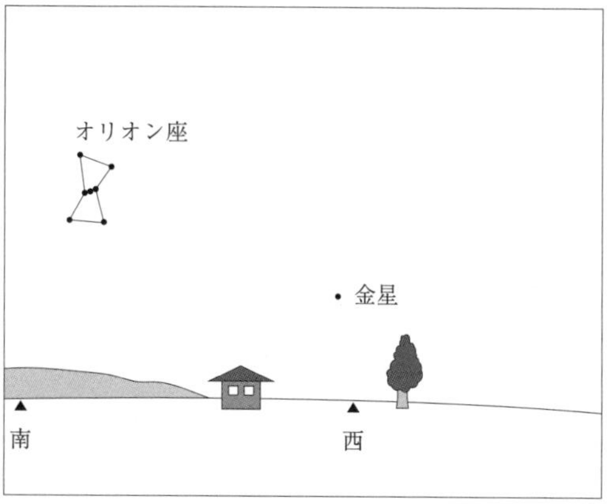

図２

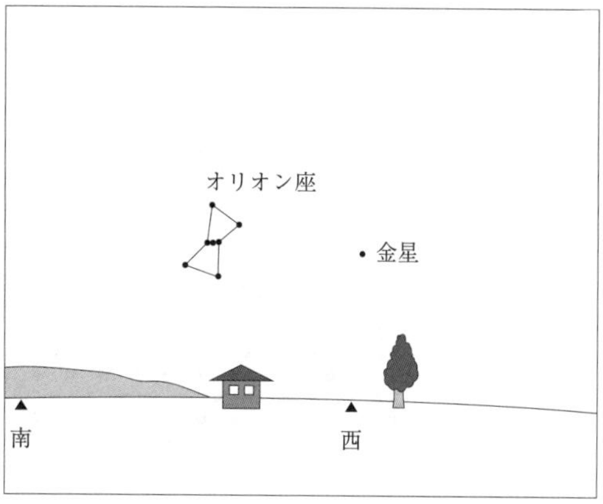

先生

３月１日と４月１日の観察記録から，どのようなことがわかりますか。

鈴さん

２つの記録を比べると，オリオン座の見える位置は，南の空から西の空に変わっています。また，金星はオリオン座ほど見える位置が変化していないようです。

涼さん

金星の見える位置は変わっていないのかな。観察した日だけでなく，もっと長い期間の観察記録があれば，金星の見える位置の変化がわかるかもしれません。

よい点に気づきましたね。天体シミュレーションソフトを使えば，観察していない日の金星の見える位置や見え方を調べることができます。それでは，天体シミュレーションソフトを使って，金星について調べてみましょう。

【天体シミュレーションソフトを使って調べる】

図３

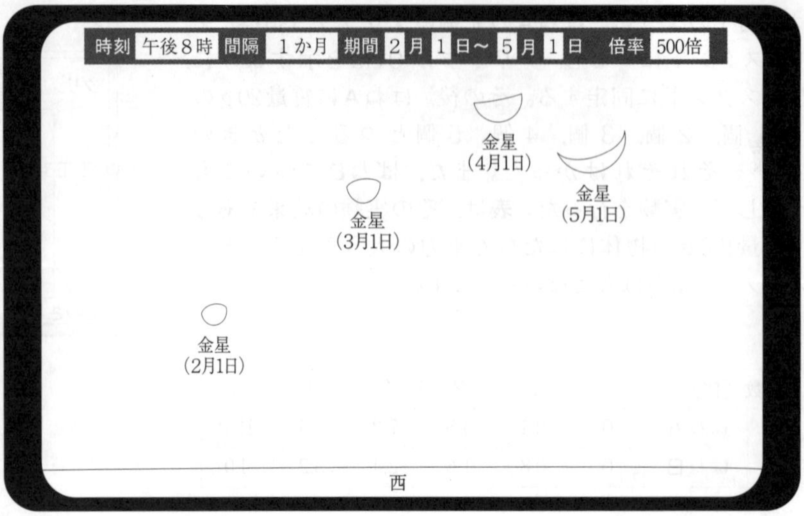

天体シミュレーションソフトの画面では，１か月ごとの金星の見える位置が変化していることがわかります。

金星は，見える位置が変化するだけでなく，見える形も変化していて，欠けていくように見えます。金星は月と同じように，太陽の（　①　）ことでかがやいていると考えられます。

そうですね。月の満ち欠けと金星の見える形の変化を，関係づけて考えることができましたね。それでは，金星の見える大きさの変化からは，どのようなことが考えられますか。

画面に表示された金星の倍率はどれも同じなので，２月１日から５月１日にかけて，（　②　）と考えられます。

そのとおりです。金星の見える形が変化するとともに，金星の大きさも変化して見えることから，（　③　）ことがわかります。

問１　会話文中の下線部のように，同じ時刻に見えるオリオン座の位置は変化し，１年でもとの位置にもどる。このような星の見かけ上の動きを，星の何というか。

問２　会話文中の（①）にあてはまる内容を，簡潔に書け。

問３　会話文中の（②）にあてはまる内容を，簡潔に書け。

問４　会話文中の（③）にあてはまる内容を，「公転」という語句を用いて，簡潔に書け。

7 力の大きさとばねののびの関係について調べる実験を行った。実験では，**図1**のように，ばね**A**の先端にクリップ（指標）をはさんで，スタンドにつるし，クリップが0cmを示すように，ものさしをスタンドに固定する。その後，ばね**A**に質量20gのおもりを1個，2個，3個，4個，5個とつるしたときの，ばねののびをそれぞれはかった。また，ばね**B**についても同じようにして，実験を行った。**表**は，その実験の結果である。ただし，質量100gの物体にはたらく重力の大きさを1Nとし，ばねやクリップの重さは考えないものとする。

図1

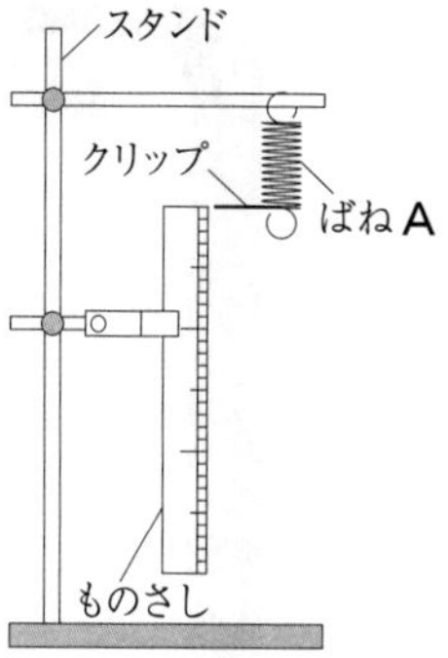

表

おもりの数〔個〕		0	1	2	3	4	5
ばねののび〔cm〕	ばねA	0	2.4	4.8	7.2	9.6	12.0
	ばねB	0	0.8	1.6	2.4	3.2	4.0

問1　変形したばねがもとに戻ろうとする性質を何というか。

問2　ばね**A**とばね**B**に同じ大きさの力を加えたとき，ばね**A**ののびは，ばね**B**ののびの何倍か。

問3　**表**をもとに，ばね**A**について，「ばねに加えた力の大きさ」と「ばねののび」の関係を，解答欄の**図2**にグラフで表せ。なお，グラフには**表**から求めた値を・で示すこと。

図2

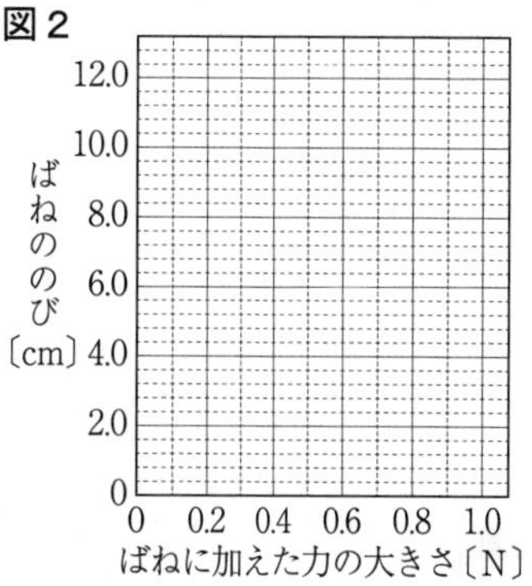

問4　実験後，ばね**A**，ばね**B**，糸**a**，糸**b**を用いて，質量100gの物体**P**をもち上げ，**図3**のように静止させた。**図4**は，静止させた物体**P**にはたらく重力とつりあう力**F**を，矢印で示したものである。力**F**を，糸**a**が物体**P**を引く力と，糸**b**が物体**P**を引く力に分解し，それぞれの力を解答欄の**図4**に力の矢印で示せ。また，**図3**のばね**A**ののびが9.6cmであるとき，**図3**のばね**B**ののびは何cmか。ただし，糸の重さと糸ののびは考えないものとする。

図3

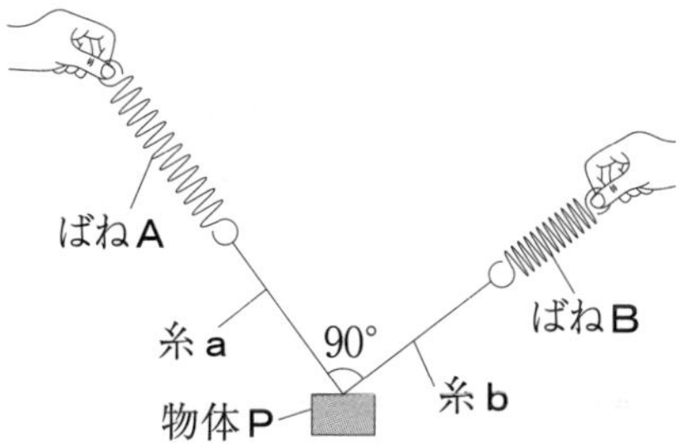

図4

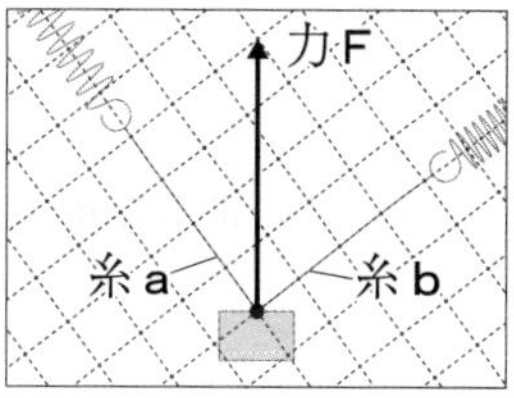

8　電熱線**a**と電熱線**b**を用いて，**図1**の回路をつくり，電流の大きさと電圧の大きさを調べる実験を行った。実験では，電源装置の電圧を3.0Vにして，回路を流れる電流の大きさと回路の各部分に加わる電圧の大きさを測定した。このとき，回路を流れる電流は60mAであり，**アイ**間に加わる電圧は1.2Vであった。ただし，電熱線以外の抵抗は考えないものとする。

図1

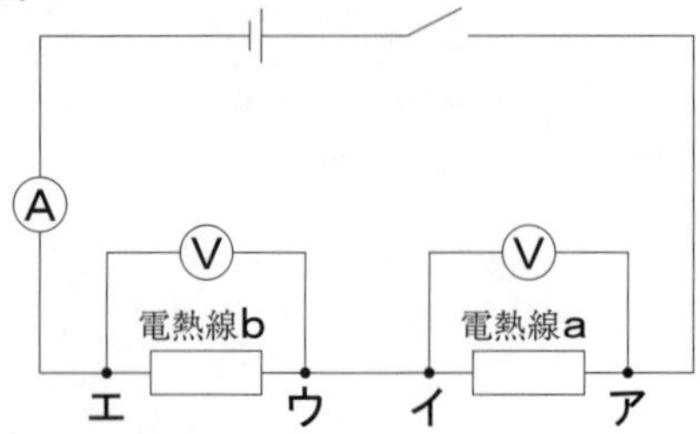

問1　電熱線には金属が使われている。金属のように，電流が流れやすい物質を何というか。

問2　**アイ**間に加わる電圧を測定している電圧計のようすを示した図として，最も適切なものを，次の**1**～**4**から1つ選び，番号を書け。ただし，**P**は**ア**につないだ導線，**Q**は**イ**につないだ導線を示している。

1

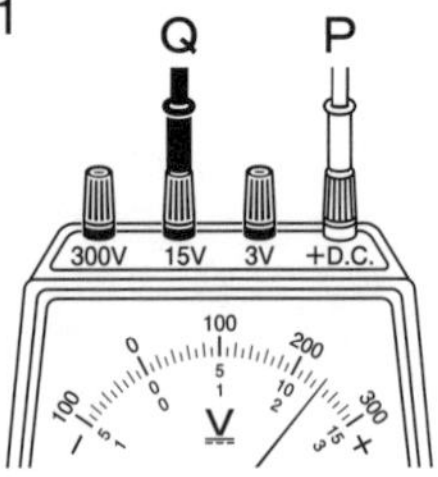

2

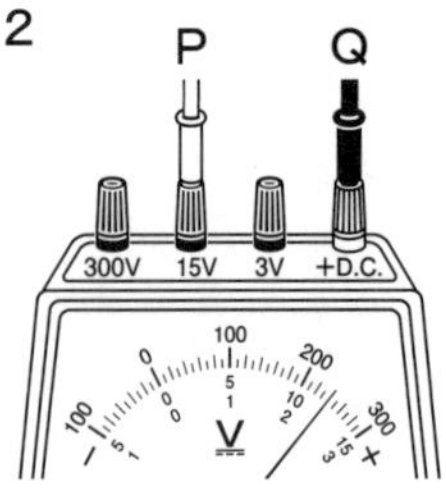

3

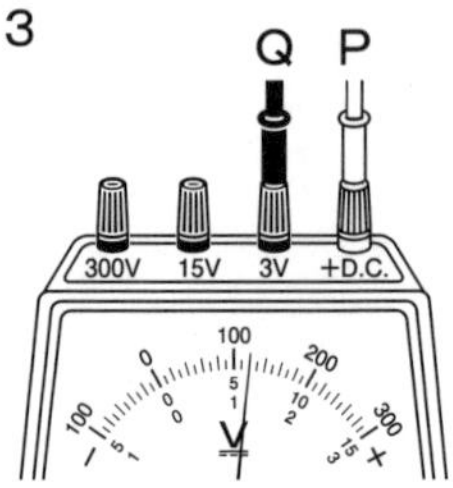

4

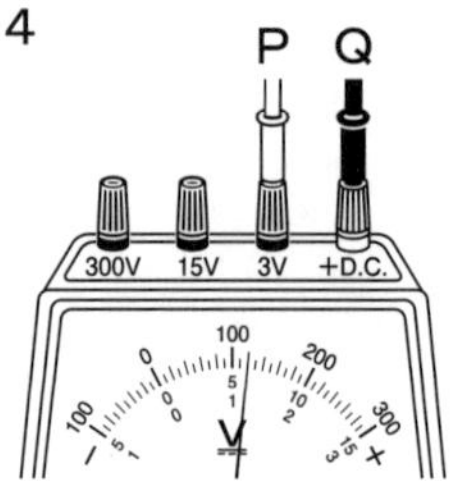

問3　**ウエ**間に加わる電圧は何Vか。

問4　次に，**図1**の回路の電熱線**b**を，抵抗の異なる電熱線**c**にかえて，**図2**の回路をつくった。電源装置の電圧を3.0Vにして**図2**の回路に電流を流すと，回路を流れる電流は100mAであった。

(1)　電熱線**c**の抵抗の大きさは何Ωか。

(2)　**図2**の回路に3分間電流を流したとき，回路全体で消費した電力量は何Jか。ただし，電源装置の電圧と回路を流れる電流の大きさは変化しないものとする。

図2

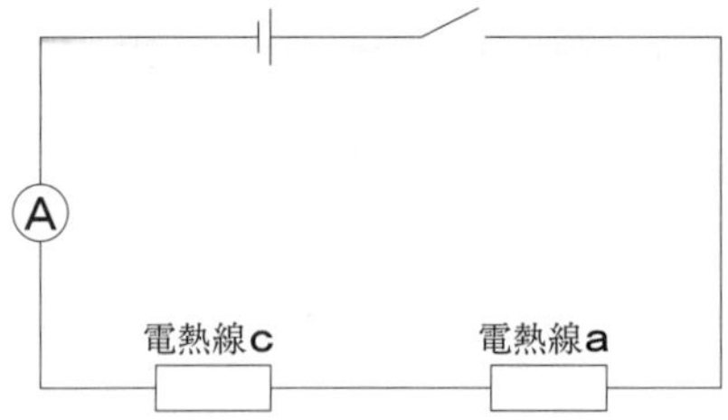

※教英出版注
音声は，解答集の書籍ＩＤ番号を教英出版ウェブサイトで入力して聴くことができます。

令和６年度「英語リスニングテスト」放送台本

説明

（４連続音チャイム　○−○−○−○）
これから，「英語リスニングテスト」を行います。リスニングテスト問題用紙と解答用紙を開いてください。問題は，問題１から問題４まであります。なお，放送中にメモをとってもかまいません。

問題1

（２連続音チャイム　○−○）
それではテストを始めます。問題１を見てください。これから，英語で短い質問をします。その後に続けて読まれるア，イ，ウ，エの英語の中から，答えとして最も適当なものを一つずつ選び，記号で答えてください。問題は3問あり，英語はそれぞれ1回だけ読まれます。それでは始めます。

（1）Hi. I want a hamburger, please. How much is it?
ア Three times.　イ Two cups.　ウ Four dollars.　エ Five hours.
（2）Jane, do you listen to music at home?
ア No, pop music.　イ Yes, you are.　ウ No, you don't.　エ Yes, every day.
（3）Lucy, which baseball cap do you want to buy?
ア Two balls, please.　イ She is in the stadium.　ウ The blue one.　エ It's yours.

問題2

（２連続音チャイム　○−○）
問題２を見てください。これから，英語で地図を用いた質問をします。その答えとして最も適当なものを，地図の中から抜き出して答えてください。問題は2問あり，英語はそれぞれ2回繰り返します。それでは始めます。

（1）John is at Midori Station and he is going to walk around the town. He wants to go to one of the shops on the map. He has decided to walk to the shop next to the station. What is he going to buy?
「２回目」――――（繰り返し）――――
（2）Saki and Amy are going to visit Midori Town next Saturday. They love candy and have found a nice candy shop on the map. From Midori Station to the shop, how long will it take by bus?
「２回目」――――（繰り返し）――――

問

（２連続音チャイム　○−○）
問題３を見てください。これから，留学中の久美と友人のマイクが対話をします。その対話の後で，「クエスチョン（Question）」と言って英語で質問します。その答えとして最も適当なものをア，イ，ウ，エの中から一つずつ選び，記号で答えてください。英語は2回繰り返します。それでは始めます。

Mike: Kumi, I heard you will finish studying in Australia soon.
Kumi: Yes, Mike. I will go back to Japan next week. I will miss you very much.
Mike: I will miss you, too. Do you remember how we became friends?
Kumi: Yes, of course. On the first day, I was lonely. So I was very happy when you spoke to me. Then, you

問1　英文中の下線部①，②が，会話の内容から考えて意味がとおるように，それぞれ(　　　　)内から4語を選び，それらを正しい語順に並べて書け。

問2　英文中の［　　　　］には，次の**ア**～**エ**のいずれかが入る。会話の内容から考えて，最も適当なものを，一つ選び，記号を書け。

ア　No, they only ate fish.
イ　No, they didn't eat fish.
ウ　Yes, they ate rice, too.
エ　Yes, they only ate rice.

問3　次は，授業の終わりに，学習した内容を振り返る場面で，香織がタブレットパソコンに入力した振り返りの英文である。下の各問に答えよ。

Today's Goal: Let's Decide the Next Step of the Research!

Today I learned [　　　　　]. We had time to share our research with other groups. I got some hints from them. Now I know the good websites we should visit, the places we should research, and the people we should interview.

I need more information about the rice fields of our city, so I'll ask Mr. Yamada after school.

(1)　英文中の[　　　　　]には，次の**ア**～**エ**のいずれかが入る。会話と振り返りの内容から考えて，最も適当なものを，一つ選び，記号を書け。

ア　working together helps us find new ideas
イ　it is difficult to talk with other groups in class
ウ　it is important to research the history in this area by myself
エ　using the Internet is the best way for my research

(2)　次の質問の答えとして，会話と振り返りの内容から考えて，最も適当なものを，後の**ア**～**エ**から一つ選び，記号を書け。

Which is the best title for the presentation that Kaori and James will make?

ア　Useful Websites about Japanese Culture
イ　History of Food in This Area
ウ　How to Visit Our City
エ　The Way of Cooking Japanese Food

3　次の英文を読んで，後の各問に答えよ。

Yumi is a high school student in Fukuoka. Her brother, Ken, studies photography in New York. One day their mother, Tomoko, said, "Yumi, why don't you visit Ken this summer? It'll be a good [　　　　　　]." Yumi was excited to hear that because she wanted to go there for a long time.

In the summer, Yumi visited New York. At the airport in New York, Ken was waiting. She was very happy to see him there. While they were eating dinner, Ken showed an old photo to Yumi. In the photo, a man and a young woman were standing in front of a pizzeria. The woman was their mother. The photo was taken in New York and the address of the pizzeria was written on it. Ken got it before he left Japan a year ago. Yumi said to Ken, "I know she lived in New York but she never told me any details." "I've never been to this pizzeria. How about visiting there for lunch tomorrow?" said Ken. Yumi agreed.

The next day, they went to the pizzeria. Yumi soon found the old man in the photo. Yumi showed the photo to him and asked, "Do you remember this woman?" He looked at the photo and said, "Of course, that's Tomoko. Are you Tomoko's daughter?" Yumi said, "Yes, I am!" ①<u>The old man was surprised</u> and said, "Wow! I can't believe Tomoko's daughter is in front of me! Tomoko lived on the third floor of this building 25 years ago. She studied the piano in university to be a music teacher and practiced very hard every day. What does she do now?" Yumi answered, "She is a music teacher." He said, "Oh, good! She always said she wanted to make people happy through music. OK. Let's eat pizza. I'll tell you more." While Yumi and Ken ate pizza, they enjoyed listening to memories of Tomoko.

After talking and eating pizza, Yumi said to the old man, "Thanks to this photo, I could meet you. I'll visit you again with my mom next time!" Yumi and Ken said goodbye to the man and left the pizzeria. Yumi asked Ken why he studied photography. He answered, "I think people have their wonderful memories. I want to share them through photos. It's ②<u>my dream</u>." Yumi was excited and said, "That's nice! I want to find my dream, too."

（注）photography ……… 写真撮影，写真技術　　in front of ～ ………… ～の前に
pizzeria …………… ピザ屋　　address ………………… 住所
details …………… 詳しいこと　　building ……………… 建物
Thanks to ～ ……… ～のおかげで

問1　英文中の[　　　　　　]に入る最も適当な語を，次のア～エから一つ選び，記号を書け。

ア　expression　　　　**イ**　instrument
ウ　experience　　　　**エ**　friendship

問2　下線部①について，次の質問の答えを，5語以上の英語で書け。

Why was the old man surprised?

問3　下線部②の具体的な内容を，英文中から探し，日本語で書け。

問4　英文の内容に合っているものを，次の**ア**～**カ**から二つ選び，記号を書け。

ア　The photo Ken showed to Yumi in New York was taken in Japan.
イ　Yumi and Ken visited the pizzeria together to take photos with the man there.
ウ　When Yumi went to the pizzeria, she couldn't find the man in the old photo which Ken had in New York.
エ　Tomoko studied the piano when she was a university student in New York.
オ　Tomoko didn't become a music teacher after going back to Japan.
カ　Yumi felt excited and wanted to find her dream when Ken told her about his dream.

問5　次の質問にあなたならどう答えるか。6語以上の英語で書け。

What will you do if you find your old photo?

4

あなたは留学先で，友達のケビン(Kevin)とメッセージのやり取りをしている。あなたはケビンの質問に対して，どのような返信をするか，【条件】にしたがって書け。

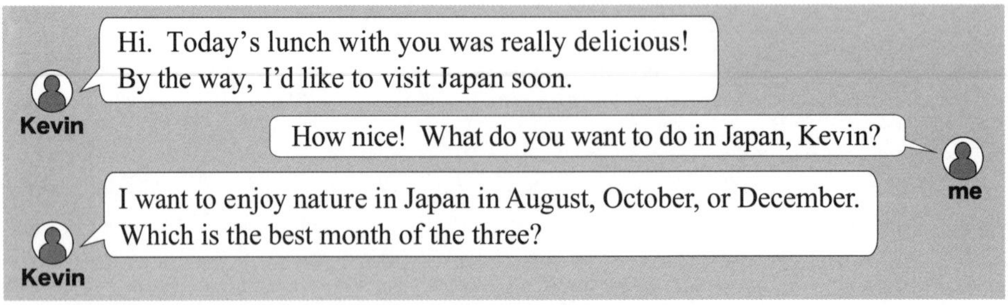

Hi. Today's lunch with you was really delicious!
By the way, I'd like to visit Japan soon.
Kevin
How nice! What do you want to do in Japan, Kevin?
me
I want to enjoy nature in Japan in August, October, or December.
Which is the best month of the three?
Kevin

【条件】
・最初の文は，[　　　　　　] is the best month. を用いること。
　その際，解答欄の[　　　　　　]には，適当な語を英語で記入すること。
・やり取りの内容をふまえた上で，あなたの考えを理由とともに書くこと。
・最初の文は語数に含めずに，30語以上の英語で書くこと。

(3) ア She didn't remember how she tried to express her opinions in class.
イ It was not difficult for her to share her opinions when she came to Australia.
ウ She became nervous after talking with Mike about her ideas.
エ In Australia she learned that expressing her opinions was important.

問題 4 英文を聞いて，質問に答える問題

留学中の裕二(Yuji)が，班別研修で映画博物館を訪れ，館内図を見ながら，説明を受ける。裕二は，**C班に所属している**。説明を聞いて，〈問 1〉と〈問 2〉の質問に答えよ。

※〈問 1〉の(1)は**ア，イ，ウ，エ**の中から一つ選び**記号**で，(2)は（　）内にそれぞれ**1語の英語**で，(3)は**2語以上の英語**で答えよ。

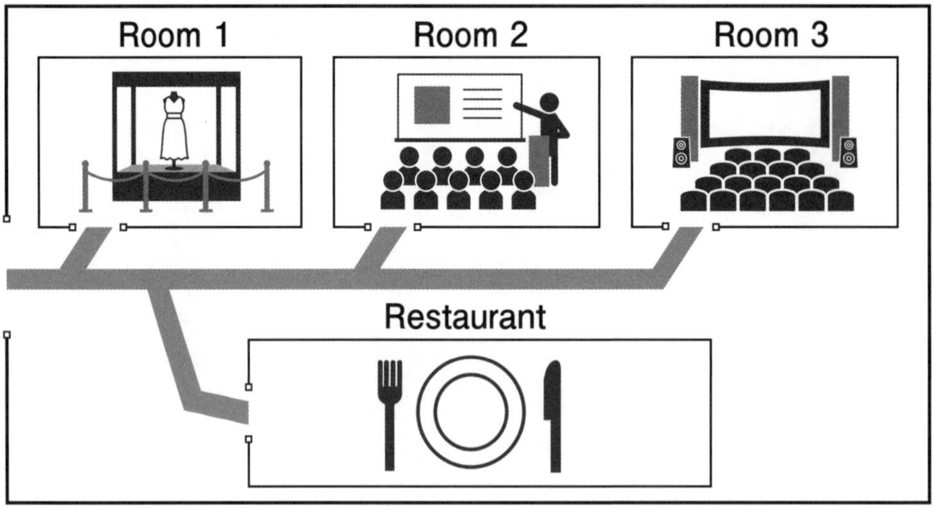

〈問 1〉 (1) Where will Yuji go first in the museum?

ア Room 1.
イ Room 2.
ウ Room 3.
エ Restaurant.

(2) What will Yuji watch in Room 3?

He will watch an (　　　　　) (　　　　　) in Room 3.

(3) What present will Yuji get before he leaves the museum?

〈問 2〉 英語の指示にしたがって答えよ。

※ **4語以上の英語**で文を書け。

（2） B社を利用する場合，**表**の a，b，c について，$a>400$，$b<24$，$c>20$ である。
このとき，電気の使用量が0 kWhから350 kWhまでの x と y の関係を表したグラフを，**図**にかき入れたものが次の**ア**～**エ**の中に1つある。それを選び，記号をかけ。

ア

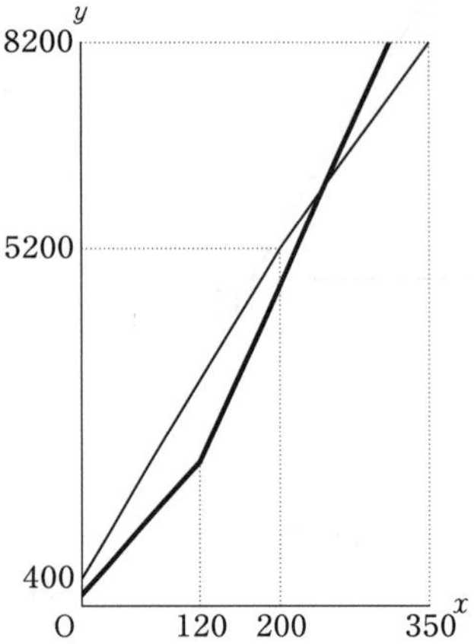

イ

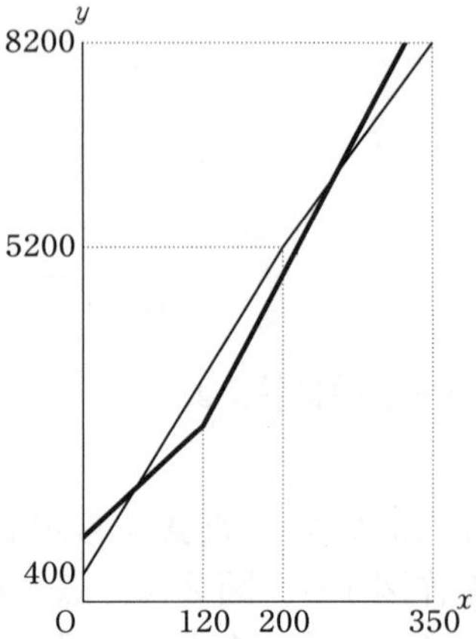

ウ

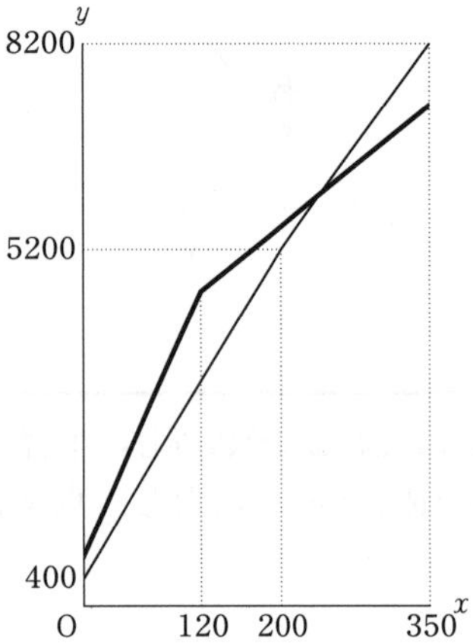

エ

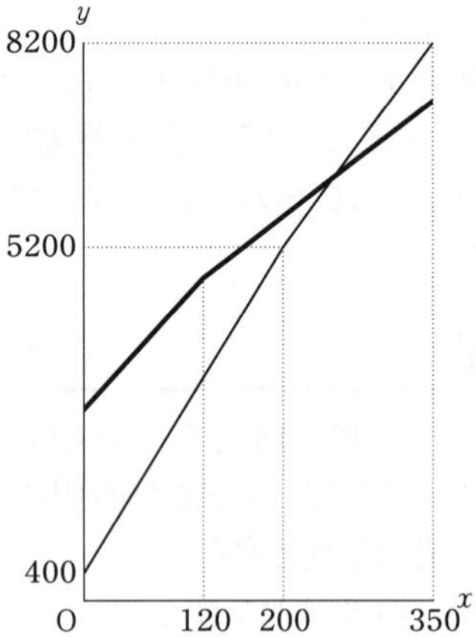

（3） C社を利用する場合，電気の使用量が350 kWhのときの1か月の電気料金は，8400円である。
1か月の電気料金について，C社を利用する方がA社を利用するよりも安くなる場合を，次のように説明した。

説明

C社を利用する方がA社を利用するよりも安くなるのは，電気の使用量が150 kWhをこえて［ Ⓡ ］kWhよりも少ないときである。

説明の［ Ⓡ ］にあてはまる数を求めよ。

5　**図１**のように，ＡＢ＞ＡＣの鋭角三角形ＡＢＣがある。

図１

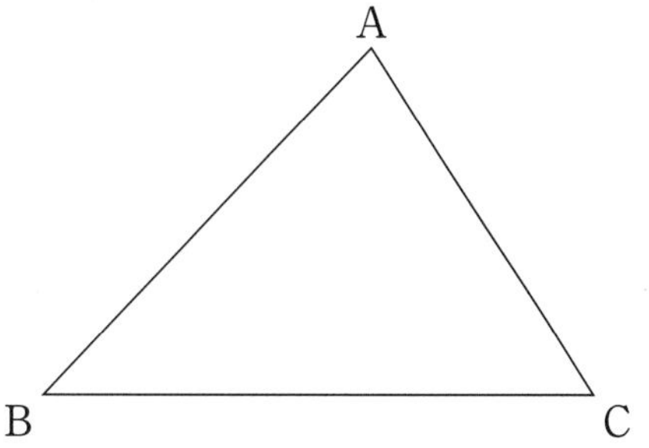

次の（１）～（４）に答えよ。

（１）**図１**において，点Ａから辺ＢＣへの垂線を作図する。**図２**は，点Ａを中心として，△ＡＢＣと４点で交わるように円をかき，その交点を，**あ**，**い**，**う**，**え**としたものである。

図２のあ～えの点の中からどれか２点をＰ，Ｑとすることで，次の**手順**によって，点Ａから辺ＢＣへの垂線を作図することができる。

図２

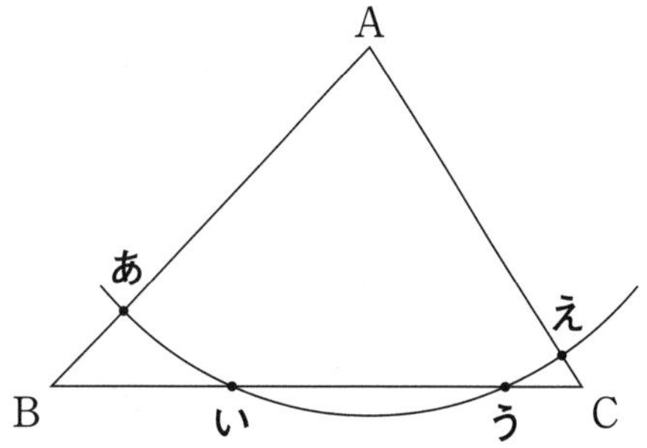

手順

① 点Ｐ，Ｑをそれぞれ中心として，互いに交わるように等しい半径の円をかく。
② ①でかいた２つの円の交点の１つをＲとする。ただし，点Ｒは点Ａとは異なる点とする。
③ 直線ＡＲをひく。

このとき，点Ｐ，Ｑとする２点を，**図２**の<u>あ～えから２つ選び</u>，記号をかけ。

また，**手順**によって，点Ａから辺ＢＣへの垂線を作図することができるのは，点Ａと点Ｐ，点Ｐと点Ｒ，点Ｒと点Ｑ，点Ｑと点Ａをそれぞれ結んでできる図形が，ある性質をもつ図形だからである。その図形を次の**ア**～**エ**から１つ選び，記号をかけ。

ア　直線ＡＲを対称の軸とする線対称な図形
イ　∠ＢＡＣの二等分線を対称の軸とする線対称な図形
ウ　点Ａを対称の中心とする点対称な図形
エ　点Ｒを対称の中心とする点対称な図形

（2） **図3**は，**図1**において，点Aから辺BCに垂線をひき，辺BCとの交点をD，点Bから辺CAに垂線をひき，辺CAとの交点をE，線分ADと線分BEとの交点をFとしたものである。

図3において，△AFE∽△BCEであることを証明せよ。

図3

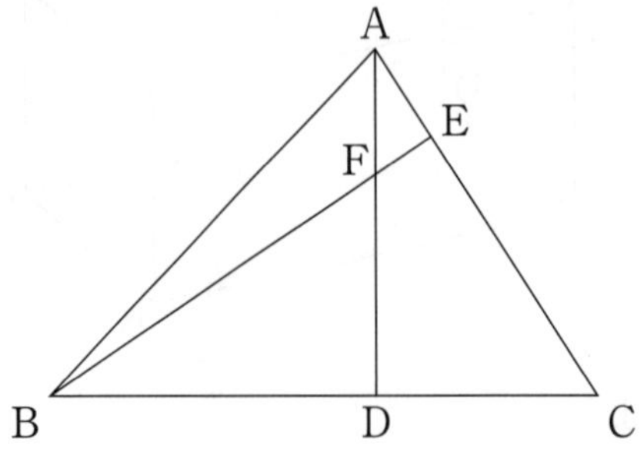

（3） **図3**において，次のことが成り立つ。

成り立つこと

点A，B，C，D，E，Fのうち，4点（㋐，㋑，㋒，㋓）は，1つの円周上にある。

成り立つことの，㋐～㋓にあてはまる4点の組が2組ある。㋐～㋓にあてはまる4点を，**図3**の点A，B，C，D，E，Fから選んで2組かけ。

（4） **図4**は，**図3**において，BD＝11cm，CD＝5cm，∠BCA＝60°となる場合に，点Aを通り辺BCに平行な直線をひき，直線BEとの交点をGとし，点Cと点Gを結んだものである。

このとき，△ABEの面積は，四角形ABCGの面積の何倍か求めよ。

図4

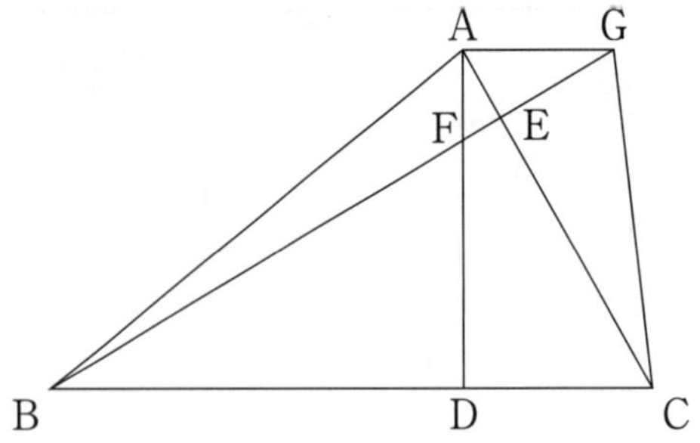

6　**図１**は，ＡＢ＝８cm，ＢＣ＝４cm，ＡＥ＝４cm の直方体ＡＢＣＤＥＦＧＨを表している。

図１

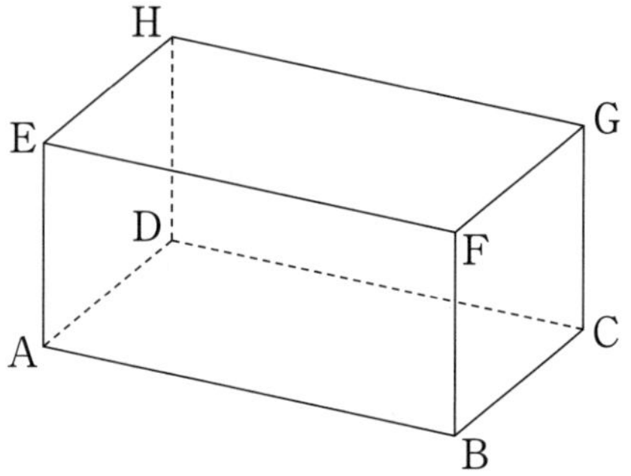

次の（１）～（３）に答えよ。

（１）　**図１**に示す直方体において，辺ＡＤとねじれの位置にあり，面ＥＦＧＨに垂直な辺を全てかけ。

（２）　**図１**に示す直方体において，辺ＥＦ上に点Ｐ，辺ＦＧ上に点Ｑを，ＡＰ＋ＰＱ＋ＱＣの長さが最も短くなるようにとる。
　このとき，線分ＰＱの長さを求めよ。

（３）　**図２**は，**図１**に示す直方体において，辺ＡＢの中点をＩ，辺ＨＧの中点をＪとし，四角形ＥＩＣＪをつくったものである。
　図２に示す直方体において，辺ＥＦ上に点Ｋを，ＥＫ＝ＫＣとなるようにとるとき，四角すいＫＥＩＣＪの体積を求めよ。

図２

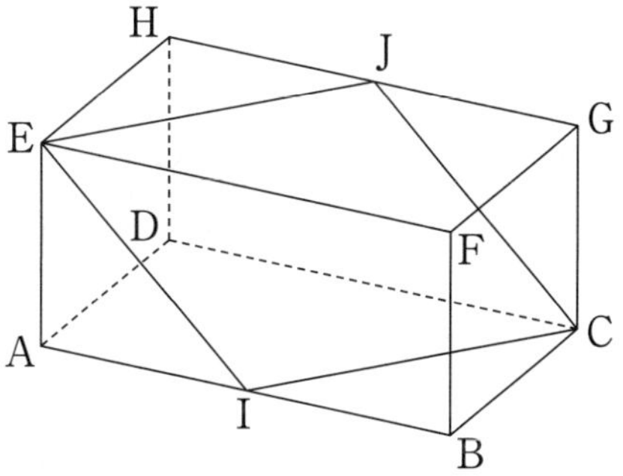

令和６年度学力検査問題

数　学

（50分）

注意

1　監督者の開始の合図があるまで，この問題冊子を開かないでください。

2　問題は，１ページから９ページまであります。

3　解答は，全て解答用紙の所定の欄に記入してください。

4　解答用紙の※印の欄には，何も記入しないでください。

5　監督者の終了の合図で筆記用具を置き，解答面を下に向け，広げて机の上に置いてください。

6　解答用紙だけを提出し，問題冊子は持ち帰ってください。

上手《うま》く言葉にできないけれど、もっとシンプルに、切れることなく、ここまで届いた――そう、一本の糸みたいなものだ。
その先端を、俺は今、握りしめている。
――オン・ユア・マーク。
頭の中で、声が響いた。
反射的に二度、軽くジャンプしてから、クラウチング・スタート
――セット。
腰を上げる。
スタートラインの少し手前をぼんやり見つめる。
③やがて頭の中で鳴り響く号砲が、ここからまた、俺を走らせる。

（天沢夏月『ヨンケイ!!』による。一部改変）

（注）伊豆大島…東京都心から南の海上に位置する伊豆諸島最大の島。
100や200…100メートル走や200メートル走。
スラックス…ズボンの一種。ここでは、制服のズボンのこと。
オン・ユア・マーク…「位置について」の意の号令。
セット…「用意」の意の号令。

問一　本文中に①実感とあるが、この場合の「実感」とは、何についてのものか。本文中から二十四字で探し、初めの六字を抜き出して書け。

問二　次の［　］の中は、本文中の②不思議な顔について述べたものである。［ア］に入る内容を、五字でまとめて書け。また、［イ］に入る内容を、本文中から十字で探し、そのまま抜き出して書け。

「けど、確かに渡したからな」と言った先輩は、リレーのときと同じ「揺れる瞳」をしている。この瞳は、［ア］という心情の表れに見えるが、陸上部やリレーへの強い思いの表れである「［イ］」によって揺らいで見えているのである。

問三　次の［　］の中は、本文中の表現の工夫について、三田さんと林さんと先生が会話している場面である。

三田さん　「青色のバトン」を「一本の糸みたいなもの」と表現するのは、［A］という表現の技法です。糸が長くつながっている様は、バトンを次の走者へとつなぎ続けていくイメージと共通点があります。
林さん　「一本の糸みたいなもの」という表現によって、先輩から受け取ったものは、途切れてしまわないように扱う必要のある、かけがえのないものだということが伝わります。そのことに気付いた「俺」が、覚悟を決めて先輩に思いを伝えていることが、「［B］」という「俺」の描写から分かります。
三田さん　なるほど。「［B］」という描写にも、「一本の糸みたいなもの」と同じ表現の技法が用いられていますね。
先生　二人とも、描写に着目してよく考えることができましたね。

(1)［A］に入る語句を書け。
(2)［B］に入る内容を、本文中から十字で探し、そのまま抜き出して書け。

問四　本文中に③やがて頭の中で鳴り響く号砲が、ここからまた、俺を走らせる。とあるが、この一文が読者に印象付ける内容として最も適当なものを、次の1～4から一つ選び、番号を書け。
1　先輩に思いを託されてしまい、今から走り出さなければ許されない「俺」。
2　先輩の思いを受け取ったことで、その思いをつなぐ決意をしている「俺」。
3　先輩のように部の伝統を守ろうと、号砲にせかされ必死で練習する「俺」。
4　先輩に追いつきたいと焦りながら、これから鳴る号砲を待っている「俺」。

三　次は、『貞観政要《じょうがんせいよう》』という書物にある話【A】と、その現代語訳【B】である。これらを読んで、後の各問に答えよ。句読点等は字数として数えること。

【A】

貞観十五年、太宗《たいそう》、侍臣《じしん》に謂《い》ひて曰《いは》く、①天下を守ること難《かた》きや易《やす》きやと。侍中魏徴《じちゆうぎちよう》対《こた》へて曰く、甚《はなは》だ難しと。太宗曰く、賢能に任じ諫諍《かんさう》を受くれば則《すなは》ち可ならん。何ぞ難しと為《な》すと謂はんと。徴曰く、古《いにしへ》よりの帝王を観《み》るに、憂危の間に在るときは、則ち賢に任じ諫《いさめ》を受く。②安楽に至るに及びては、必ず寛怠を懐《いだ》く。安楽を恃《たの》みて寛怠を欲《ほつ》すれば、事を言ふ者、惟《た》だ兢懼《きようく》せしむ。日に陵《りよう》し月に替《たい》し、以《もつ》て危亡に至る。聖人の安《やす》きにをりて危《あやふ》きを思ふ所以《ゆゑん》は、正《まさ》に此《これ》が為《ため》なり。安くして而《しか》も能《よ》く懼《おそ》る。豈《あ》に難しと為さざらんやと。

（注）太宗…唐の第二代皇帝。　侍臣…君主のそば近くに仕える者。　侍中…唐代の上級役人。皇帝への忠告を仕事の一つとする。
魏徴…太宗に仕えた侍中。　聖人…知徳がすぐれて物事のすじみちを明らかに心得ている人。

【B】

貞観十五年に、太宗が左右の侍臣たちに、天下を守ることの難易を問うた。侍中の魏徴は、非常に困難であると答えた。それについて太宗は、賢者や能者を信頼して政務に任じさせ、臣下の厳しい忠告を聞きいれればよろしいではないか。どうして困難というのであるかと反問した。魏徴が言うには、古来からの帝王を観察しまするに、国家の憂危の際においては、賢者を任用し、諫《いさ》めを受けいれます。が、一たび平和になり安楽になりますと、必ず緩み怠る心を持つようになります。君主が安楽な状態に寄りかかって、緩み怠りたいと思っているときには、諫めようとする者も、つい君主の心にさからうのを非常に恐れて忠告しなくさせてしまいます。その結果しだいしだいに悪い状態になり、ついには国家の危亡を招くようになります。昔の聖人が国家の安らかなときにも、いつも危難のときを思って緊張していたのは、まさしくこれがためであります。ですから、安らかでありながら大いに警戒しなければなりません。どうして困難でないと言えましょうやと。

（注）能者…才能のある者。　臣下…君主に仕える者。ここでは、賢者や能者を指す。　諫め…自分より地位などが上の人の欠点や過失を指摘して忠告すること。

（『新釈漢文大系　第95巻　貞観政要（上）』による。一部改変）

問一　【A】の　をりて　を、現代仮名遣いに直し、全て平仮名で書け。

問二　【A】に　徴曰く　とあるが、この後から始まる発言の終わりを、【A】からそのまま四字で抜き出して書け。

問三　【A】に　①天下を守ること難《かた》きや易《やす》きや　とあるが、この問いを発している太宗自身の考えとして最も適当なものを、次の1～4から一つ選び、番号を書け。

1　賢者や能者の厳しい忠告を太宗自身が聞きいれないので難しい。
2　賢者や能者を任用することを太宗自身が聞きいれないので難しい。
3　賢者や能者の厳しい忠告を太宗自身が聞きいれれば難しくない。
4　賢者や能者を任用することを太宗自身が聞きいれれば難しくない。

問四　【A】の　②安楽に至るに及びては　という書き下し文になるように、解答欄の漢文の適当な箇所に、返り点を付けよ。

問五　次の[　]の中は、【A】と【B】を読んだ平田さんと中村さんと先生が、会話をしている場面である。

平田さん　【A】で魏徴は、太宗の問いに対して「甚《はなは》だ難し」と答え、その理由を説明するときに、対照的な人物を挙げています。

中村さん　そうですね。【A】では、初めに「[ア]」を挙げ、安泰だった国が「危亡に至る」様子を分かりやすく順に説明しています。次に「聖人」を挙げて、国の安泰を保つための心構えを示しています。

平田さん　【A】には、「安楽」のときに生じる「[イ]」によって、臣下が君主の心にさからうのを恐れて忠告しなくなる状況が引き起こされるとあります。その結果、国が「危亡に至る」というわけですね。

中村さん　【A】で、「[ア]」も「[ウ]」のときには「危亡に至る」ことのないように行動しています。一方、「聖人」は、「[ウ]」のときだけでなく、常に「危亡に至る」ことのないように[エ]ということを意識して行動していたと魏徴は考えています。だから、魏徴は太宗の問いに対して「甚《はなは》だ難し」と答えたのですね。

先生　二人とも、登場人物の言動の意味に着目して【A】の内容を考えることができましたね。

(1)　[ア]に入る語句として最も適当なものを、次の1～4から一つ選び、番号を書け。

1　太宗　　2　侍中　　3　賢能　　4　古よりの帝王

(2)　[イ]、[ウ]に入る語句を、【A】からそれぞれ漢字二字で探し、そのまま抜き出して書け。

(3)　[エ]に入る内容を、十字以上、十五字以内でまとめて書け。

四

F中学校の各学級では、図書委員会の提案を受け、次の【資料】を基に、読書量を増やす取り組みについて考えることになった。
あなたなら、どのように考えるか。【資料】を読んで、後の**条件1**から**条件5**に従い、作文せよ。

【資料】

※雑誌などを除く「本」全般を対象とする。
※紙・電子全て含める。

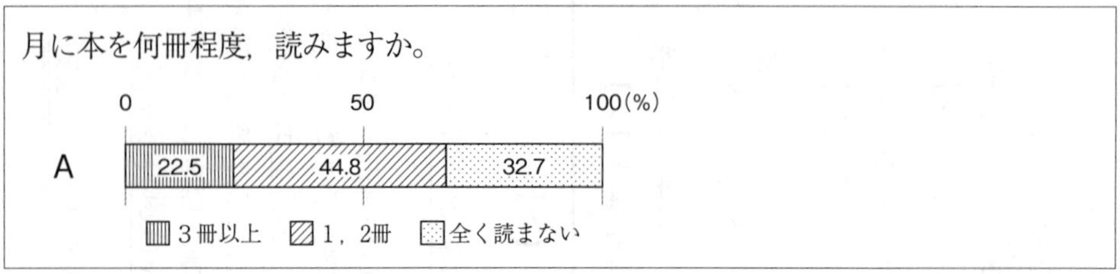

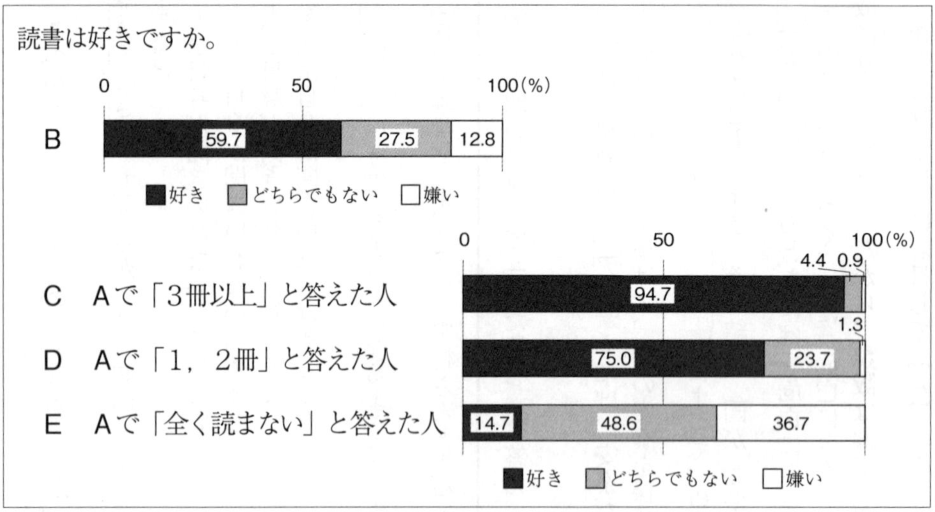

(「18歳意識調査『第30回 －読む・書く－』詳細版」(日本財団　2020年10月30日) を基に作成)

条件1　文章は、二段落構成とし、十行以上、十二行以内で書くこと。

条件2　第一段落には、【資料】のAのグラフと、B～Eのうちいずれかのグラフ（どれをいくつ選んでもかまわない。）から分かることを挙げ、それについてあなたが考えたことを書くこと。なお、グラフはA～Eの記号で示すこと。

条件3　第二段落には、第一段落を踏まえ、読書量を増やす取り組みとしてあなたが考えた案を一つ挙げ、その案を挙げた理由を自分の知識や経験と結び付けて書くこと。

条件4　題名と氏名は書かず、原稿用紙の正しい使い方に従って書くこと。

条件5　グラフの数値を原稿用紙に書く場合は、左の例にならうこと。

例

5
・
7
%

39
・
1
%